《思想道德修养与法律基础》学习教程

主　编　杨伟刚

西安电子科技大学出版社

内容简介

本书以习近平总书记在学校思想政治理论课教师座谈会上的重要讲话精神为指导，以2018版新教材为基础，以思想教育和法律教育为主题，以社会主义核心价值观和理想信念教育为核心，以爱国主义为重点，以人生观、价值观、道德观、法制观教育为主线，依据大学生成长、成才的基本规律，针对大学生成长过程中面临的思想道德和法律问题，引导大学生树立正确的世界观、人生观、价值观，提高思想道德素质，增强社会主义法制观念，融思想性、政治性、知识性和实践性于一体。

本书适用于各类本科、高职高专和成人院校。

图书在版编目(CIP)数据

《思想道德修养与法律基础》学习教程/杨伟刚主编. —西安：西安电子科技大学出版社，2020.5
ISBN 978-7-5606-5642-7

Ⅰ. ①思… Ⅱ. ①杨… Ⅲ. ①思想修养—高等学校—教学参考资料 ②法律—中国—高等学校—教学参考资料 Ⅳ. ①G641.6 ②D920.4

中国版本图书馆CIP数据核字(2020)第061251号

策划编辑 高 樱
责任编辑 马晓娟 高 樱
出版发行 西安电子科技大学出版社(西安市太白南路2号)
电 话 (029)88242885 88201467 邮 编 710071
网 址 www.xduph.com 电子邮箱 xdupfxb001@163.com
经 销 新华书店
印刷单位 陕西天意印务有限责任公司
版 次 2020年5月第1版 2020年5月第1次印刷
开 本 787毫米×960毫米 1/16 印张 10.5
字 数 190千字
定 价 25.00元
ISBN 978-7-5606-5642-7 / G
XDUP 5944001-1

前　言　THE PREFACE

“思想道德修养与法律基础”课是高校思想政治理论课程的重要组成部分，也是高等教育思想政治教育课的开篇课程。本教程主要是为深入贯彻习近平总书记在学校思想政治理论课教师座谈会上的重要讲话精神，推动思想政治理论课改革创新，不断增强思想政治课的思想性、理论性和亲和力、针对性而编写的。书中综合运用马克思主义的基本立场、观点和方法，以正确的人生观、价值观、道德观和法制观教育为基本内容，理论联系实际，对 21 世纪当代大学生面临和关心的实际问题予以科学的、有说服力的回答，引导学生树立崇高理想和坚定信念，培养高尚的道德品质，树立体现中华民族优秀传统和时代精神的价值标准和行为规范，强化大学生的法律意识和法治精神。

本书坚持思想性、政治性、知识性和实践性于一体，以党的十九大精神为指导，并在总结多年教学实践经验的基础上编写而成。本书在编写过程中努力突出以下特点：

第一，内容的针对性。本书以大学生成长过程中遇到的问题为突破口，体现思想政治理论教育对解决现实生活问题的有效性，增强学生学习兴趣。

第二，时代的鲜明性。“00 后”大学生更加渴望认识世界，认识自我，具有更强的独立性与鲜明的个性特征，因此本书在内容选择与重点安排上都着力体现十九大精神指导下的新时代的特征。

第三，教材的可读性。本书根据教学实际与需要，在保持教材体系基本不变的前提下，增加了“课程导入”“课堂讨论”“本章测试题”等内容，使学生学习的针对性更强，也深化了学生对学习内容的理解与吸收。

本书在编写过程中得到了大家的倾力支持与配合。西安电子科技大学马克思主义学院杨伟刚副教授担任本书的主编，负责全书的总体设计、提纲的拟定编写，并对全书进行了统稿、审稿和定稿。具体分工如下：杨伟刚编写绪论、第四章和第六章，伍思敏编写第一章、第五章，王家琪编写第二章、第三章。本书得到了西安电子科技大学 2017

年教材立项，西安电子科技大学出版社的高樱编辑为本书的出版付出了辛勤的努力，在此一并致谢。

囿于我们的编写水平，本书定有很多不妥或错误之处，真诚地希望使用此书的广大读者、师生朋友、同行们批评指正，以图共勉，谢谢！

编　者

2019 年 3 月

目　录 THE CATALOG

绪　论

☞ 教学目的与要求

通过本章的学习，学生能够了解中国特色社会主义进入新时代这一历史时期，新时代为大学生成长成才、勤学报国提供了广阔的舞台和无限的机遇。学生能够领悟时代新人要以民族复兴为己任，以有理想、有本领有担当为根本要求，通过提升自身思想道德素质与法治素养成为中国特色社会主义事业的合格建设者和可靠接班人，成为走在时代前列的奋进者、开拓者、奉献者。

☞ 教学重点与难点

1. 中国特色社会主义进入新时代。
2. 如何做有理想有本领有担当的时代新人。
3. 明确学习“思想道德修养与法律基础”课的重要意义。
4. 认识思想道德素质与法治素养对大学生成长成才的重要性。

☞ 学时安排

2 课时

☞ 教学内容

课程导入：

致欢迎辞，新学期寄语（大学生活你准备好了吗？）

如何正确认识大学？

如何规划大学生活？

如何让自己健康地生活，愉快地学习？

时间之河川流不息，每一代青年都要面对和回答时代的问卷。我们所处的新时代是中国特色社会主义新时代，也是大学生成长成才、成就事业、不容辜负的好时代。

一、我们处在中国特色社会主义新时代

党的十九大报告指出："经过长期努力，中国特色社会主义进入了新时代，这是我国发展新的历史方位。"确定中国特色社会主义进入新时代，是整个党的十九大报告的"逻辑起点"。深刻领会十九大精神，必须首先准确把握中国特色社会主义新时代的内涵与意义。

这个新时代是承前启后、继往开来，在新的历史条件下继续夺取中国特色社会主义伟大胜利的时代；这个新时代是决胜全面建成小康社会、进而全面建设社会主义现代化强国的时代；这个新时代是全国各族人民团结奋斗、不断创造美好生活、逐步实现全体人民共同富裕的时代；这个新时代是全体中华儿女戮力同心、奋力实现中华民族伟大复兴中国梦的时代；这个新时代是我国日益走近世界舞台中央、不断为人类作出更大贡献的时代。

思考：中国特色社会主义进入新时代，意味着什么？

中国特色社会主义进入新时代，意味着近代以来久经磨难的中华民族迎来了从站起来、富起来到强起来的伟大飞跃，迎来了实现中华民族伟大复兴的光明前景；意味着科学社会主义在21世纪的中国焕发出强大生机活力，在世界上高高举起了中国特色社会主义的伟大旗帜；意味着中国特色社会主义道路、理论、制度、文化不断发展，拓展了发展中国家走向现代化的途径，给世界上那些既希望加快发展又希望保持自身独立性的国家和民族提供了全新选择，为解决人类问题贡献了中国智慧和中国方案。

二、时代新人要以民族复兴为己任

大学生应该以有理想、有本领、有担当为根本要求，夯实综合素质基础，着力提升思想道德素质和法治素养，展现新的风貌、新的姿态，成为中国特色社会主义事业的合格建设者和可靠接班人，成为走在时代前列的奋进者、开拓者和奉献者。

（一）做有理想、有本领、有担当的时代新人

处于新的历史方位，站在新的历史起点，当代青年比历史上任何一代青年都更加幸运与幸福，有更多的机会和条件去实现人生的梦想，也有更大的舞台去展现人生的精彩，面对新时代中国特色社会主义的广阔天地，必将大有可为，也必将大有作为。同时，当代大学生也应当比历史上任何一代青年都要更加牢记使命，不忘初心，坚定不移听党话跟党走。以习近平新时代中国特色社会主义思想为行动指南，一件事情接着一件事情办，一年接着一年干。努力做有理想、有本领、有担当的青年，争当新时代的弄潮儿。

1．要有崇高的理想信念，牢记使命，自信自励

“功崇惟志，业广惟勤。”正确的理想信念是安身立命的根本，是一切行动的基础。没有坚定的理想信念，就会导致精神上“缺钙”，就会在各种诱惑和考验中迷失自我，走入歧途。习近平同志指出“立志是一切开始的前提。青年要立志做大事，而不是做大官。”这既是对广大青年的衷心期盼，也是对自身经历的高度总结。当代青年人要牢固树立中国特色社会主义理想信念，把自身的发展成才与人民群众的需要联系起来，自觉选择服务人民的事业，为人民做好事、做实事，与人民群众同呼吸、共命运、心连心，用自己的实际行动投身到中国特色社会主义的伟大实践中，在实现中华民族伟大复兴中国梦的征程中实现自己的个人理想与人生价值。

2．要有高强的本领才干，勤奋学习，全面发展

中国特色社会主义进入新时代，面向未来、面对挑战，青年人的学习任务更重了，需要增强的本领更多了。因此，习近平同志在同各界优秀青年代表座谈时深切地指出，青年人正处于学习的黄金时期，应该把学习作为首要任务，作为一种责任、一种精神追求、一种生活方式，树立梦想从学习开始、事业靠本领成就的观念，让勤奋学习成为青春远航的动力，让增长本领成为青春搏击的能量。把学习作为首要任务，就是要认真学习习近平新时代中国特色社会主义思想，坚持学而信、学而思、学而行，坚定脚步，昂首迈进；就是要广泛学习各种专业知识技能，坚持干什么学什么、缺什么补什么，不断提高自身素质和干事创业能力；就是要高度重视实践，积极发扬马克思主义的学风，在实践中发现、检验和发展真理，切实提高解决实际问题的水平，不断增强工作本领。

3．要有“天下兴亡、匹夫有责”的担当精神，讲求奉献，实干进取

“历尽天华成此景，人间万事出艰辛。”从落后挨打到昂扬自信，今天的我们，比历史上

任何时期都更接近、更有信心和能力实现中华民族伟大复兴的目标。但正如习近平同志所说，中华民族伟大复兴，绝不是轻轻松松、敲锣打鼓就能实现的。全党必须准备付出更为艰巨、更为艰苦的努力。作为实现中华民族伟大复兴的生力军，当代青年必须牢记总书记振聋发聩的话语，牢记历史使命，勇担时代责任。有担当，就是要反对空谈、真抓实干，俯下身子做工作，深入人民做研究，说实话、讲实效、办实事，反对任何形式的形式主义和官僚主义；就是要锐意进取、开拓创新，把青春活力汇聚成推动新时代中国特色社会主义深入发展的强大动力，把强大的创造性投入到推进“五位一体”总体布局、“四个全面”战略布局的建设中，以创新驱动发展；就是要迎难而上，艰苦奋斗，不为任何困难所惧，不为任何干扰所惑，自觉到党和人民事业最需要的地方去，坚决抵制各种诱惑和腐蚀，努力培养高尚的道德品格和崇高的精神境界。

（二）提升思想道德素质与法治素养

做有理想、有本领、有担当的时代新人，必须具备良好的思想道德素质和法治素养。思想道德素质和法治素养，是思想政治素质、道德素质和法治素养的有机融合，是新时代大学生必须具备的基本素质。

思想道德素质是人们的思想观念、政治立场、价值取向、道德情操和行为习惯等方面品质和能力的综合体现，反映着一个人的思想境界和道德风貌，是促进个体健康成长、社会发展进步的重要保障。

法治素养是指人们通过学习法律知识、理解法律本质、运用法治思维、依法维护权利与依法履行义务的素质、修养和能力，对于保证人们尊崇法治、遵守法律具有重要的意义。再多再好的法律，必须转化为人们的内心自觉才能真正为人们所遵行。

“思想道德修养与法律基础”，是一门融思想性、政治性、科学性、理论性、实践性于一体的思想政治理论课。本课程针对大学生成长过程中面临的思想道德和法律问题，开展马克思主义的世界观、人生观、价值观、道德观、法治观教育，引导大学生提高思想道德素质和法治素养，成长为自觉担当民族复兴大任的时代新人。学习本课程，有助于大学生领悟人生真谛，坚定理想信念，践行社会主义核心价值观，做新时代的忠诚爱国者和改革创新的生力军；有助于大学生形成正确的道德认知，积极投身道德实践，做到明大德、守公德、严私德；有助于大学生全面把握社会主义法律的本质、运行和体系，理解中国特色社会主义法治体系和法治道路的精髓，增进法治意识，养成法治思维，更好行使法律权利、履行法律义务，做到遵法学法守法用法，从而具备优秀的思想道德素质和法治素养。

第一章　人生的青春之问

☞ 教学目的与要求

准确把握人生观、价值观的定义，深入理解马克思的人的本质理论。认识正确的人生观对青年大学生的重要意义。同学们应该正确把握人生目的、人生态度、人生价值三者之间的辩证统一关系，认识掌握个人与社会的辩证关系；深刻理解“服务人民、奉献社会”的思想，树立科学高尚的人生追求，正确把握人生价值实现的条件，创造有意义的人生。通过本专题的系统学习，可以帮助同学树立正确的人生观，领悟人生真谛，成就出彩人生。根据马克思主义关于个人与社会关系的原理说明人生的自我价值与社会价值的关系。帮助学生掌握如何辩证对待人生矛盾，反对错误人生观，与历史同向、与祖国同行、与人民同在，在服务人民、奉献社会的实践中创造有意义的人生。

☞ 教学重点与难点

1. 理解马克思的人的本质理论。
2. 掌握人生观的主要内容。
3. 掌握人生观与世界观的辩证关系。
4. 确立科学高尚的人生追求。
5. 保持认真、务实、乐观、进取的人生态度。
6. 掌握评价人生价值的标准与方法。
7. 把握人生价值的实现条件。
8. 树立正确的幸福观、得失观、苦乐观、顺逆观、生死观和荣辱观。
9. 警惕和抵制错误人生观。
10. 明确成就出彩人生的途径。

☞ 学时安排

6 学时

☞ 教学内容

第一节　人生观是对人生的总看法

一、人生与人生观

(一) 人的本质

课堂讨论：

柏拉图的一个学生曾经问他："人的定义是什么，什么样的才可以称之为人?"柏拉图说："人就是无毛的两脚动物！"学生琢磨了一下，拿来了一只拔光毛的公鸡放在柏拉图面前，对他说："这只鸡符合无毛、两脚的定义，但是显然它并不是人。"直接推翻了柏拉图关于人的定义。

（出自《柏拉图对话集》）

讨论：人的本质到底是什么呢？

《关于费尔巴哈的提纲》作为"包含着新世界观天才萌芽的第一个文件"，马克思在批判地继承前人思想成果的基础上，经过艰苦的理论探索，阐发了关于人的本质的科学理论。马克思明确地指出："费尔巴哈把宗教的本质归结于人的本质。但是，人的本质并不是单个人所固有的抽象物，在其现实性上，它是一切社会关系的总和。"在这里马克思真正揭示了人的现实本质及其发生发展，超越了建立在唯心主义基础上的人的本质观。

马克思所说的人的本质是人的现实本质，即人的社会本质。马克思指出人的本质是由人生活于其中的社会关系规定的，不是单一的社会关系，而是全部社会关系的总和。

（二）人生观的主要内容

课堂讨论：

我是海西蒙古族藏族自治州大柴旦工委办公室哈元寿，一名普通的党办人。有幸荣获“人民满意的公务员”称号，是组织培养、领导关心、同事帮助的结果，也是人民群众信任的结果。我心怀感恩、万分感谢。

1985年，我出生在青海省海西蒙古族藏族自治州都兰县香加乡科尔村一个普通的农民家庭。从初中就开始了寄宿学习，亲身经历了吃不好、穿不暖、大通铺、泥泞小路、冬冷夏热的难忘岁月。完成了从不善言辞、性格内向到主动好学、积极向上的自我蜕变，见证了国家义务教育惠民政策对基层教育教学条件的大幅改善，全面助力我们学有所用和成为有用之才的光辉历程。真切地说，是党的惠民政策圆了我以及像我一样千万莘莘学子的大学梦，帮助我走出了大山、学到了知识、得到了锻炼、增长了阅历，更使我接受了高等教育、开阔了视野、成为了国家干部，实现了人生价值。这些都激励着我在工作生活中始终保持朴实本色，用心坚守着自己的理想与信念。

（出自《争做人民满意的“服务员”》青海日报2019.07.04第007版）

讨论：案例中的人物事迹对你有什么启示？

1. 人生观的含义

不同的人有不同的人生，根本区别在于人生观不同。人生观是人们在实践中形成的对于人生目的和意义的根本看法，它决定着人们实践活动的目标、人生道路的方向，也决定着人们行为选择的价值取向和对待生活的态度。人生观主要是通过人生目的、人生态度和人生价值三个方面体现的。

2. 人生观与世界观的关系

人生观与世界观有密切的联系。对人生意义的正确理解，需要建立在对客观世界发展规律正确认识的基础之上。同时，人生观又对世界观的巩固、发展和变化起着重要作用。

3. 人生目的、人生态度、人生价值三者之间的辩证统一关系

人生目的是指生活在一定历史条件下的人在人生实践中关于自身行为的根本指向和人生追求。人生目的是对“人为什么活着”这一人生根本问题的认识和回答，是人生观的核

心，它决定着人生道路、人生态度和人生价值选择，在人生实践中具有重要的作用。

人生态度是指人们通过生活实践所形成的对人生问题的一种稳定的心理倾向和基本意图。人生态度是对“人应当怎样活着”问题的回答。人生态度及划分多种多样，从社会效益角度可划分为两大类型：第一类为消极无为、无益于社会及自身的人生态度。表现为：不思进取，得过且过；讲求实惠，及时行乐；看破红尘，悲观厌世。第二类为乐观向上、积极进取的人生态度。表现为：热爱生活，满怀信心；责任感强烈，意志坚韧；积极向上，勇于开拓。

人生价值是一种特殊的价值，是人的生活实践对于社会和个人所具有的作用和意义。人生价值是人们从价值角度考虑人生问题的根据，分为自我价值和社会价值两个方面。人生的自我价值是个体的人对自己的生存和发展所具有的价值，主要表现为对自身物质和精神需要的满足程度。人生的社会价值是个体的人生活动对社会、他人所具有的价值，其衡量标准是个体对社会和他人所作的贡献。

三者之间的辩证关系为：人生目的决定着人们对待实际生活的基本态度和人生价值的评判标准。人生态度影响着人们对人生目的的持守和人生价值的评判。人生价值制约着人生目的和人生态度的选择。

二、个人与社会的辩证关系

课堂讨论：

为何深藏功名60余载？面对记者的提问，95岁的老英雄张富清这样回答：“和我并肩作战的战友，有好多都牺牲了。他们才是英雄，他们才是功臣！我有啥好显摆的。”古人讲“举世纷纷名利逐”，但无数共产党人的故事告诉我们“荣名利禄云过眼”。林俊德扎根大漠戈壁奋战了50余个春秋，苦干惊天动地事，甘做隐姓埋名人；王继才在孤岛上坚守32年，用自己的坚韧和奉献，换来了千家万户的平安；张富清无论在战争年代还是在和平建设时期，都勇当一名突击队员，哪里最危险、哪里有困难，他就冲锋到哪里、战斗在哪里。正是他们以计利国家、奉献人民、无私忘我的精神，推动了国家和民族的振兴。他们的精神原点非常明确，那就是全心全意为人民服务的宗旨。让榜样之光照亮初心，就要始终坚守人民立场，激扬奋斗精神，自觉同人民群众想在一起、干在一起，立足岗位，做好每一件利国利民的实事，以为民谋利、为民尽责的实际成效取信于民。

（出自《让榜样之光照亮初心》解放军报 2019.07.04 第 006 版）

讨论：个人和社会的关系是什么？

1. 个人与社会是对立统一的关系，两者相互依存、相互制约、相互促进

社会是由一个个具体的人组成的，离开了人就没有社会，社会是人的存在形式。同时，人是社会的人，离开了社会人也无法生活。社会成员素质的不断提高是社会发展的重要基础，推动和实现人的全面发展是社会发展的根本目的。

2. 个人与社会的关系，最根本的是个人利益与社会利益的关系

社会需要是个人需要的集中体现，是社会全体成员带有根本性、全局性、长远性需要的反映。个人利益的满足只能是在一定的社会条件下，通过一定的社会方式来实现。

在社会主义社会中，个人利益与社会利益在根本上是一致的。社会利益离不开个人利益，个人利益也离不开社会利益。社会利益不是个人利益的简单相加，而是所有人利益的有机统一。社会利益体现了作为社会成员的个人的根本利益和长远利益，是个人利益得以实现的前提和基础，同时它也保障着个人利益的实现。

3. 人的社会性决定了人只有在推动社会进步的过程中，才能实现自我的发展

思考人生问题，应该正确认识和处理个人与社会的关系，把小我和大我更好地统一起来，把自己的人生追求同社会的发展进步紧密结合起来，在为社会做贡献的过程中成长进步，实现自己的人生价值。

第二节　正确的人生观

一、科学高尚的人生追求

课程导入：

2019 年 6 月 17 日 22 时 55 分四川长宁县发生 6.0 级地震。大灾面前，广大党员干部闻讯而动，纷纷投入到抗震救灾工作，把初心使命刻在抢险第一线。

初心使命是大灾大难面前的为民担当。灾情就是命令，哪里有需要，哪里

就有共产党员的身影。在灾区的安置点上，最为醒目的是高高树起的党旗，随处可见的是帐篷里的临时党支部党员服务队。广大党员干部在危难面前，不顾自己的安危，用担当把“为人民服务”“以人民为中心”诠释得生动形象。在第一时间，在群众最需要的地方、最需要的时候撑起一片天空，照亮一片黑暗。

（出自《抗震一线书写初心使命》中国组织人事报 2019.06.28 第 006 版）

讨论：案例中体现了怎样的人生追求？

“服务人民、奉献社会”代表了人类社会迄今最先进的人生追求。

习近平总书记在党的十九大报告中把坚持以人民为中心作为新时代坚持和发展中国特色社会主义的重要内容。人民是历史的创造者，是决定党和国家前途命运的根本力量。必须坚持人民主体地位，坚持立党为公、执政为民，践行全心全意为人民服务的根本宗旨，把党的群众路线贯彻到治国理政的全部活动之中，把人民对美好生活的向往作为奋斗目标，依靠人民创造历史伟业。

不论在革命战争年代，还是在和平建设时期，服务人民、奉献社会这一高尚的人生追求，熏陶、感染了一代代革命者和建设者，对中国革命、建设、改革事业产生了重要的推动作用。确立了服务人民、奉献社会的人生追求，才能清楚地把握人的生命历程和奋斗目标，深刻理解人为了什么而活，应走什么样的人生之路；才能以正确的人生态度对待人生，解决实际生活中的各种问题，始终对祖国和人民具有高度的责任感；才能懂得人生的价值首先在于奉献，自觉用真善美来塑造自己，努力使自己成为一个高尚的人。

二、积极进取的人生态度

课堂讨论：

从昔日享受无数人鲜花与掌声的县高考状元，到如今有家不能归的街头流浪汉，刘宁的人生可谓是一路向下，充满了各种失落与遗憾。有人可能觉得这和当前社会的大环境有关，比如：大学生的就业形势一年比一年严峻，年轻人在求职就业时所遇到的种种不公平等等。

但是在笔者看来，以上这些可能在他一路向下的人生道路上或多或少有过影响，但是起决定性作用的，还是他的人生态度。国家和社会当然要为每个人提供“人生出彩的机会”，但是如果缺乏了个人的主观能动性，没有一个积极健康、奋发向上的人生态度，那么一切都将沦为空谈。

（出自《高考状元变流浪汉无关环境只关态度》青岛日报 2014.02.13 第 003 版）

讨论：人应该拥有什么样的人生态度？

走好人生之路需要正确认识和处理生活中的各种问题，以认真的态度对待人生，明确生活目标和肩负的责任，从人生的实际出发，科学面对人生目的与现实生活之间的矛盾。

人生要认真。认真，是一种人生态度，认真的人总是心胸宽广，落落大方，潇洒坦荡，热情开朗，思想健康。

人生要务实。人生就是脚踏实地地前行。我们要想成功，需要一步一个脚印，认真学习，努力思考，多动手，多思考，从中获得成功经验，从而实现自己的梦想。

人生要乐观。乐观是失意后的坦然，乐观是平淡中的自信，乐观是挫折后的不屈，乐观是困苦艰难中的从容。人生在世，不可能一帆风顺，种种失败和无奈需要我们勇敢地面对、旷达地处理。

人生要进取。要不断丰富人生的意义，要发扬自强不息、敢为人先、百折不挠、坚忍不拔的精神，在创新创造中不断书写人生的新篇章。不能贪图安逸、满足现状、因循守旧、故步自封，否则人生就会失去应有的光彩。

人生实践是一个创造的过程。大学生要适应历史发展的趋势，始终保持蓬勃朝气、昂扬锐气，充分发挥创造力，在创新创造中不断领悟美好人生的真谛。

三、人生价值的评价与实现

（一）正确评价人生价值

人生价值评价的根本尺度是看一个人的人生活动是否符合社会发展的客观规律，是否通过实践促进了历史的进步。

课堂讨论：

王杰是二十世纪六十年代涌现出来的伟大的共产主义战士。应征入伍后，他以雷锋为榜样，“以服从祖国的需要为快乐”，为了党的事业“有一分热，发一分光”，被大家称为“闲不住的人”“不知疲倦的人”。1965 年 7 月 14 日，王杰帮助当地民兵地雷班进行军事训练。在炸药包即将发生意外爆炸的危急关头，为保护在场的12名民兵和人武干部的生命安全，他毅然扑向炸药包，献出了自己23岁的年轻生命。根据他生前愿望，所在部队党委追认他为中国共产党党员。在王杰的身上，人们既看到了革命军人“一不怕苦、二不怕死”的精神，也看到了共产党人“三不伸手”的宝贵政治品格。直至今日，保持这一优良政治品格依然是我们党所提倡的。

（来自《坚守“三不伸手”的政治品格》江西日报 2018.01.04 第B03版）

讨论：如何从人生价值的角度出发评价材料中的人物？

坚持能力有大小与贡献须尽力相统一。每个人的职业不同，能力大小不同，对社会贡献的绝对量也不同，不能简单地认为能力大的人就实现了人生价值，能力小的人就没有实现人生价值。考察一个人的人生价值，要把个人对社会的贡献同他的能力以及与能力相对应的职责联系起来。任何人只要在自己的岗位上尽职尽责，兢兢业业，就应该对他的人生价值给予积极肯定的评价。

坚持物质贡献与精神贡献相统一。人的生产劳动是物质生产劳动和精神生产劳动的统一及两种生产劳动成果的相互转化。社会的发展与进步是物质文明和精神文明的共同发展与进步。评价人生价值，既要看一个人对社会作出的物质贡献，也要看他对社会作出的精神贡献。

坚持完善自身与贡献社会相统一。人生的社会价值是实现人生自我价值的基础，评价人生价值的大小应主要看一个人对社会所作的贡献，但这并不意味着要否认人生的自我价值。人的自我完善和全面发展、人生自我价值的实现，是社会发展的根本目标；而人生自我价值的实现，又有助于个体为社会创造更大价值。

（二）人生价值的实现条件

课堂讨论：

记者：这么多年你一直扎根祖国边陲，默默奉献，你有想过要离开吗？对社会上的种种诱惑有过动心吗？是什么让你始终保持着这样一种坚守的定力？

何方礼：随着服役时间的增长，一些战友陆续离开部队，有的在地方上闯出了一片天地。在跟他们的交流和交往中，我见识了什么叫好车子、大房子。我印象最深的，是一位同年兵，也是我的同乡，我们两个人是从同一辆火车来的。2014年，他从团职岗位上自主择业回到地方后进入了一家私营企业，当上了年薪20余万元的副总。聊天时，他言语间流露出掩饰不住的兴奋。有的朋友也曾经劝我早点转业回到地方，在他们看来，以我现在的荣誉、能力和地位离开部队一定能够过得更潇洒。其实这样的诱惑对于我们每个人来说都是一次抉择。我的体会就是一定要让自己静下来，问问自己，究竟要追求什么样的人生？我最需要的是什么？只有这样，才会想清楚自己要往哪里去。对我来说比起物质上的享受，帮助更多的红瑶女走进课堂，走出大山，更能让我感到幸福、快乐。扎根祖国边陲这么多年，对我来说并不觉得漫长和煎熬，所以我也从来没有想过要主动离开大瑶山。

（出自《何方礼：坚守是一场更经常更艰苦的战斗》人民武警报 2017.09.13 第003版）

讨论：何方礼的人生价值是如何实现的？

1. 人生价值实现的社会条件

人生价值是在社会实践中实现的，人的创造力的形成、发展和发挥都要依赖于一定的社会客观条件。我国社会主义制度的建立和完善，改革开放以来形成的良好的经济、政治、文化和社会条件，为人们实现人生价值提供了广阔的舞台。作为一名大学生，我们要珍惜难得的历史机遇，把自己的人生价值目标建立在正确把握当今社会发展所提供条件的基础上，努力、充分地实现自己的人生价值。

人生价值目标要与符合社会发展规律、具有客观真理性的主导价值目标相一致。任何社会在一定的历史条件下都有其居于主导地位的价值目标，它客观上制约着个体价值目标的实现，所以，个体的价值目标必须符合社会主导的价值目标。只有这样，人生价值的追求才会越主动，实现的可能性就越大；反之就会陷入被动，走弯路，付出较大的代价，甚至迷失真正的价值目标。当然，个体价值目标必须与社会主导价值目标相一致，并不是简单地以社会的导向替代个体目标，也不是简单地附和社会实际存在的某种价值目标，而是指个人的价值目标必须与符合社会发展规律、具有客观真理性的主导价值目标相一致。

2. 人生价值实现的个人条件

要正确客观地认识自己，不夸大或低估自身的能力，不要不切实际地抬高或贬低自己。现实社会中存在着各种不同的人生价值目标，有的与社会发展规律相符合，有的不符合社会发展趋势，如果选择背离社会发展趋势的人生价值目标，就可能会走错人生之路，使人生的路越走越窄。当代大学生要学会运用科学的世界观和方法论，确立与社会发展方面相一致的人生价值目标，以创造自己的辉煌人生。

3. 不断提高自身能力，增强实现人生价值的本领

通过学习、锻炼等方式和途径，努力提高自身的综合素质和能力。人在实现人生价值的过程中不可避免地要受到自身条件的限制，这些条件有些是天生的，但绝大多数是可以改变的。所以，个人的主观努力，在相当大的程度上决定着一个人的人生价值的实现程度。这就要求我们要积极主动地通过学习、锻炼使自己的能力得到加强。大学生可塑性强，正处于增长知识才干的关键时期，我们应抓住这一人生的美好时光，努力通过各种方式和途径，全面提高自身的综合素质和能力，为自己人生价值的创造和实现打下良好基础。

第三节　创造有意义的人生

一、辩证对待人生矛盾

课程导入：

李建斌是西昌发射基地服务保障团队负责人。1993 年，李建斌退伍后，来到航天一院工作。2007 年，他被派往西昌，负责基地试验队员的服务保障工作。到如今，12 年的服务保障工作实现了“零事故”。李建斌感悟到，无论是交通运输还是饮食安全，稍不注意就会出现差错，西昌基地能够做到十几年“零事故”，他感到很自豪，也很欣慰。

李建斌说，12 年间，西昌基地的发射任务由每年六七发增至每年十几发。12 年间，每一次发射任务，他都在现场。同学们开玩笑说，他是经历最完整的人。“作为航天人，我感到很自豪，心中有一种强烈的荣誉感。”李建斌说，航天精神是一种无私奉献的精神，是老一辈航天人开创的精神，是需要新一代航天人延续下去并继续开拓的精神。

（出自《“小人物”照亮“大时代”》中国教育报 2019.07.07 第 003 版）

讨论：案例中李建斌是如何实现个人幸福的？

1. 树立正确的幸福观

幸福是一个总体性范畴，它意味着人总体上生活得美好。实现幸福离不开一定的物质

条件，在追求物质生活水平提高的同时，要更加注重追求德性和人格的高尚，注重追求健康向上的精神生活。在追求幸福的过程中，我们不能把自己的幸福建立在损害社会整体和他人利益的基础上。

幸福是什么？如何实现幸福？马克思对此问题的科学回答，构成了其幸福观的主要内容。

马克思认为，幸福是物质与精神幸福的统一，是个人与社会幸福的统一，幸福的最终归宿是人的自由全面的发展。马克思辩证分析了物质幸福与精神幸福的关系，认为二者相辅相成，缺一不可。在充分肯定物质生活对于人的生存发展的重要作用的同时，马克思又对人的精神需要给予了高度肯定。

幸福是个人幸福与社会幸福地统一。一个人的幸福只有与社会幸福统一才算获得真正的幸福。个人幸福依赖于社会幸福而存在。离开了社会，个人无法实现他的幸福，个人幸福的获得受社会和他人的影响。同时，个人幸福不断丰富和发展社会幸福。社会幸福的不断发展是由每个人的劳动创造来形成的。离开了个人，社会幸福就没有形成的力量；个人没有幸福的目标，社会幸福就没有发展的动力。

实践是幸福实现的途径。马克思认为实践是幸福产生的源泉，实践活动是人区别于动物的根本标志。实践使人类不断创造价值，不断超越自我，不断向实现人的全面而自由发展的幸福目标迈进。在自然人化和人的自然化的双向运动中，人的精神生活不断充盈，人的精神追求不断升华，人对世界的认识不断加强，这种自在地、自然地追求的过程就蕴含着追求幸福的过程之美。

2. 树立正确的得失观

杨善洲担任云南省保山地委书记近20年，心中只装着人民群众，唯独没有自己，始终保持艰苦朴素、不计得失、廉洁奉公的本色。在位有权时，他不为自己谋半分利，不让子女和亲属沾一点光；退休以后，他“自讨苦吃”，主动将政府奖励给他的十几万元捐出来，扎根山区带领群众开垦荒山20多个春秋，植树造林5.6万亩；临终之前，他又把价值3亿多元的林场经营权无偿交给国家。他一生执著守护着共产党人的精神高地，以一生清廉、一身正气、一心为民的形象，演绎着恪守信仰、清正廉洁、无私奉献的公仆情怀。生为守大义，死成千古贤。从这个角度上看，虽然他失去的太多太多，但得到的却很珍贵、很长久。

（出自纪录片《共产党员的楷模——杨善洲》）

首先，不要拘泥于个人利益的得失。个人利益的得失只能部分地衡量人生价值的大小，在奉献社会中才能实现更大的人生价值。只有追求高尚的道义，跳出对狭隘利益的计较，才能赢得他人和社会的尊重。其次，不要满足于一时的得。一个人如果总是满足于一时的得，往往会停步在小小的成功和已有的成绩之上，放弃接下来的努力，以致造成最后的失败。最后，不要惧怕一时的失。正所谓“吃一堑，长一智”“塞翁失马，焉知非福”，得到不一定是好事，失去也不一定是坏事。在失意之际坚持不懈，在坎坷之时不断努力，这样的人生才能更有意义。

3．树立正确的苦乐观

苦与乐既对立又统一，在一定条件下还可以相互转化。毛泽东在《七律・长征》一诗中，用“红军不怕远征难，万水千山只等闲”，形象地写出了红军长征的艰苦卓绝，用“更喜岷山千里雪，三军过后尽开颜”的豪迈诗句，生动描述了红军夺取胜利的喜悦心情，阐明了苦与乐的辩证统一关系。“宝剑锋从磨砺出，梅花香自苦寒来”，奋斗是艰辛的，艰难困苦、玉汝于成。真正的快乐只能由奋斗的艰苦转化而来。不经历风雨怎能见彩虹，不经历人生的苦难，怎能享受到人生的乐趣？大学生在成长过程中，要准确把握苦与乐的辩证关系，努力做迎难而上、艰苦奋斗的开拓者。

4．树立正确的顺逆观

在人生旅途中没有永远的顺境，也没有永远的逆境。因此，无论是顺境还是逆境，对人生的作用都是双重的，关键是怎样去认识和对待它们。只有善于利用顺境，勇于正视逆境和战胜逆境，人生价值才能够实现。

案例：从为人民利益而死的张思德、舍身炸碉堡的董存瑞、在烈火中永生的邱少云，到倒在抗洪一线的李向群、隐姓埋名为强国的林俊德、逐梦海天的张超……10位全军挂像英模虽然生于不同年代，担负着不同使命，奋战在不同战线，但在面临生死的那一瞬间，无一例外，都毫不犹豫、义无反顾地放下小我，用生命和热血践行着对党的事业的无限忠诚。他们并非不珍惜生命、不热爱生活、不留恋亲人，他们也是血肉之躯，也有丰富情感，只不过在他们的心里，还有比生命更为宝贵、更为崇高的东西，那就是国家的尊严，人民的利益，军人的荣誉、使命和责任。虽然没有豪言壮语，他们却用最为执著的信念、最为坚定的行动、最为无畏的选择，演绎了一个个感天动地的英雄故事，构建起中华民族的精神大厦。

（出自《军人生死观展现着心中的大爱》解放军报 2018.11.27 第 006 版）

5. 树立正确的生死观

死，是无可逃避的。我们应该直面死亡。从个人来看，是悲剧，是宿命；从人类的角度看，是史剧，是人类的发展。死，只是个体生命的终结，但你参与创造的世界会因为你的参与而美好。动物的死亡留下的躯体最终化为尘埃，而人的个体的死亡留下的是充满意义和价值的世界。人类，因一代代个体的创造而使世界越来越美好。这就是超越个体死亡之苦的生死观。囿于个体，死亡是痛苦；着眼人类，个体死亡是社会进步和延续的必然。

如果寻求解脱，从对死的恐惧中解脱出来，最好的方法就是勇敢地面对死亡，快乐地生活，过有意义的生活。如果逃避死亡，寻求解脱，实际并未解脱，因为心存解脱之念，证明仍生活在对死亡的恐惧之中。真正的解脱应该是认识死的必然性，又懂得生的价值。既热爱生命，又保持死亡时的尊严。这才是真正懂得生与死。孔子说“未知生，焉知死”，这是充满智慧的回答。生死相依，只有生的伟大，才有死的光荣；而生时的卑鄙，必是死后的遗臭。

（出自陈先达《光明日报》2015 年 02 月 04 日 13 版）

人的生命是有限的，而生命的价值却是无限的。如何认识、对待生与死，体现了一个人人生境界的高低，更直接影响着他的实际生活。牢固树立生命可贵的意识，倍加爱护自己和他人的生命，理性面对生老病死的自然规律，努力使自己的生命绽放人生应有的光彩。

6. 树立正确的荣辱观

荣辱是一对基本道德范畴，“荣”即荣誉，是指社会对个人履行社会义务所给予的褒扬与赞许，以及个人所产生的自我肯定性心理体验；“辱”即耻辱，是指社会对个人不履行社会义务所给予的贬斥与谴责，以及个人所产生的自我否定性心理体验。荣辱观是人们对荣辱问题的根本看法和态度，是一定社会思想道德原则和规范的体现和表达。中国古人向来注重荣与辱，并通过“知耻”来进行道德评价和判断。孔子提出“知耻近乎勇”，孟子认为“无羞恶之心，非人也”，管仲提出“礼义廉耻，国之四维”，把知耻之心与人的文明程度、社会的治乱安危紧密联系在一起。荣辱观对个人的思想行为具有鲜明的动力、导向和调节作用。大学生只有具备正确的荣辱观，明确是非、对错、善恶、美丑的界限，坚持以热爱祖国为荣、以危害祖国为耻，以服务人民为荣、以背离人民为耻，以崇尚科学为荣、以愚昧无知为耻，以辛勤劳动为荣、以好逸恶劳为耻，以团结互助为荣、以损人利己为耻，以诚实守信为荣、以见利忘义为耻，以遵纪守法为荣、以违法乱纪为耻，以艰苦奋斗为荣、以骄奢淫逸为耻，才会在纷繁复杂的社会生活中明确应当坚持和提倡什么，反对和抵制什么，从而为自身判断行为得失，作出道德选择，确定价值取向，提供基本的价值准则和行为规范。

二、反对错误人生观

课程导入：

2013 年底，安某某利用担任宁夏某资产管理有限公司综合办公室副主任的职务便利，伪造单位法定代表人授权委托书，私自以单位名义将公司所有的原灵武养路费征稽所房屋出售给朱某某，并将售房款 39.12 万元侵吞，用于购买彩票。在此后的任职期间，安某某还多次挪用公司应收客户的房屋租金共计 107.92 万元。

2017 年 3 月 22 日，安某某主动到公安机关投案自首。据调查，2013 年底至 2017 年初，安某某共计贪污公款 39.12 万元、挪用公款 782.78 万元，其中大部分资金用于购买彩票。今年年初银川市金凤区人民法院以贪污罪、挪用公款罪，对安某某判处有期徒刑 12 年，并处罚金 20 万元。

（出自《财会信报》2018.05.28 第 B05 版）

课堂提问：安某的人生观是怎样的一种人生观？我们如何评价这种人生观呢？

反对拜金主义，拜金主义认为金钱可以主宰一切，把追求金钱作为人生至高目的。拜金主义是引发自私自利、钱权交易、行贿受贿、贪赃枉法等丑恶现象的重要思想根源。人应当是金钱的主人，而不是金钱的奴隶；应当依靠自己的劳动创造财富，合理合法获取金钱。生活中还有许多远比金钱更有意义的东西值得我们去追寻。

正确的金钱观：应该承认金钱与人生有着密切关系，合法取得金钱是人生幸福的重要条件，是实现人生价值的重要物质保证。要看到获得金钱的手段应该是正当的、合法的，更应该看到金钱不是人生的全部内容，不是人生价值的决定因素。

反对享乐主义，享乐主义主张人生就在于满足感官的需求与快乐。爱因斯坦说：“我从来不把安逸和快乐看作是生活目的本身，把这种生活看成是幸福的基础，我叫它猪栏的理想。”健康有益的、适度的物质生活和文化生活，是人的正当需要，也有利于促进经济社会的发展。在日常生活中应树立正确的消费观。

反对极端个人主义，个人主义是以个人利益为出发点和归宿的一种思想体系和道德原则，它主张个人本身就是目的，具有最高价值，社会和他人只是达到个人目的的手段。个人主义是生产资料私有制的产物，是资产阶级人生观的核心。极端个人主义是个人主义的一种表现形式，它突出强调以个人为中心，在个人与他人、个人与社会的关系上表现为极端利己主义和狭隘功利主义。同学们应旗帜鲜明地予以反对。

极端个人主义的危害：第一，从出发点看，个人主义以自我为中心，片面强调个人、家庭的利益，而不顾他人、集体和社会的利益。它对人们的思想产生极大的腐蚀作用。第二，从结果看，个人主义把个性解放、个性自由作为人生追求的唯一价值目标。它必然导致人与人之间的残酷斗争，危害社会稳定。第三，个人主义片面强调个人兴趣、爱好的至上性，导致人们对社会主义的集体主义的信仰危机，我行我素，乃至违法犯罪而不能自拔。

三、成就出彩人生

课堂讨论：

2016—2017 年度全国年岗位能手(标兵)评选结果日前揭晓，兵团 3 名青年榜上有名，他们分别是：兵团勘测设计院(集团)有限责任公司公路分院桥隧室副主任郭晓军、新冠农香茄制品有限公司经理助理戴小凡、新疆天富能源股份有限公司天河热电分公司值班员时俊峰。他们何以脱颖而出？仔细浏览他们的先进事迹，可以看出，立足岗位作贡献是他们共同的优秀品质。

职业对于一些人来说，可能只是一种谋生手段，但有些人却将全部热忱注入其中。郭晓军能在短时间内脱颖而出，成为一名技术骨干，时俊峰能在大学毕业后 4 年时间里攻克技术难题，为企业累计创造效益 510 多万元，都是他们立足本职工作、不断超越自我的表现。

(出自《当好“螺丝钉”，人生更出彩》兵团日报 2018.09.15 第 003 版)

讨论：材料中的人物对你有何启示？

与历史同向，历史只会眷顾坚定者、奋进者、搏击者，而不会等待犹豫者、懈怠者、畏难者，正确认识世界和中国发展大势，尊重顺应历史的选择和人民的选择，准确把握中国发展的重要战略机遇期，提升民族自信心，增强时代责任感。

与祖国同行，中华人民共和国成立以来，有无数青年学生积极投身社会主义现代化建设事业，展现时代风貌，勇于开拓进取。自觉将人生目标同国家和民族的前途命运紧紧联系在一起。

与人民同在，做中国最广大人民根本利益的维护者，从人民群众中汲取营养，向人民群众学习，走与人民群众相结合的道路。

在社会实践中成就出彩人生。社会实践是青年锻炼成长的有效途径，是实现人生价值的必由之路。坚持理论联系实际，积极投身社会实践，在基层一线砥砺品质，在同人民群众的密切联系中锤炼作风，不断提高实践能力、创新能力，实现最大的人生价值。

本章测试题

一、单项选择题

1. 人生观的核心问题是(　　)。

A. 人生目的　　B. 人生态度　　C. 人生道路　　D. 人生理想

2. 对人生态度正确的理解应该是(　　)。

A. 人生态度就是人生价值观　　B. 人生态度就是低层次的人生观

C. 人生态度就是指人为什么活着　　D. 表明人应当怎样活着

3. 作为个体的人生对社会和他人所具有的意义是(　　)。

A. 自我价值　　B. 社会价值　　C. 内在价值　　D. 潜在价值

4. 评价人生价值的根本标准是(　　)。

A. 掌握知识的多寡　　B. 拥有金钱的多少

C. 官位权势的高低　　D. 对社会发展和人类进步是否有利

5. 人的本质属性是(　　)。

A. 自然属性　　B. 社会属性　　C. 地缘属性　　D. 业缘属性

6. 下列不属于人生价值实现的个人条件的有(　　)。

A. 良好的经济、政治社会环境

B. 不断提高的自身能力，增强实现人生价值的本领

C. 立足现实，坚守岗位做贡献

D. 要有自强不息的精神

7. 人与自然的关系实际上就是(　　)。

A. 人与物的关系　　B. 人与人的关系

C. 人与环境的关系　　D. 人与气候的关系

8. 关于人生目的在人生实践中的作用，下列说法不正确的是(　　)。

A. 人生目的决定人生道路　　B. 人生目的决定人生态度

C. 人生目的决定人的世界观　　D. 人生目的决定人生价值标准

9. 我们应当确立的高尚的人生目的是(　　)。

A. 享乐主义的人生目的　　B. 金钱拜物教的人生目的

C. 为人民、为社会服务的人生目的　　D. 为个人和全家求温饱的人生目的

10. 人生观的核心是(　　)。

A. 人生价值　　B. 人生目的　　C. 人生态度　　D. 人生信仰

二、判断题

1. 社会属性是人的本质属性，人的自然属性也深深打上了社会属性的烙印。(　　)

2. 人生态度是人生观的核心。(　　)

3. 主观为自己，客观为他人的基本理论概论是人性自私论。(　　)

4. 竞争与合作是对立的。(　　)

5. 人与自然关系的协调，最终取决于人与人关系的协调。(　　)

6. 马克思主义的幸福观认为幸福就是指物质幸福，跟精神幸福没有关系。(　　)

7. 人生的自我价值是个体生存和发展的必要条件。人生的社会价值是实现人生自我价值的基础。(　　)

8. 人生价值评价的标准是看他为社会作出了多少物质贡献。(　　)

9. 价值是主体的属性和功能对客体需要的满足和效用。(　　)

10. 享受个人的权利、自由与承担社会的责任、义务是统一的。(　　)

☞ 热点问答与解析

1. 如何学会辩证的看待挫折?

中国有句古话叫做“有得有失”。其实，只要我们换一种思维方式，用辩证的观念去看待遇到的挫折，我们就会发现挫折算不了什么，相反，我们还能从挫折中获得意想不到的东西。

总之，事物的发展不是直线型进行的，逆境与顺境的交替过程也是这样。人的一生往往是在顺境和逆境的交替中向前演进。因此，当身处顺境时，切莫得意忘形，因为顺境只是一时，不是一世；当身处逆境时，也勿悲观失望，因为只要勇于战胜逆境，顺境就在前面。无论是顺境还是逆境，对人生的作用都是二重的，关键是怎样去认识和对待它们，只要善于利用顺境，勇于正视逆境和战胜逆境，远大的人生目标就一定能够实现。

最后，分享一个小故事来说明人生中的逆境并不是那么可怕。胡萝卜、鸡蛋和咖啡豆同时面临共同的逆境——沸腾的开水。面对开水，基各自的反应不同。胡萝卜是结实的，但经过开水煮过后，它变软了，变弱了；鸡蛋是脆弱的、易碎的，但经过开水一煮，它的内部变硬了；咖啡豆很独特，经过开水煮后，它反倒改变了开水。胡萝卜、鸡蛋、咖啡豆其实就是生活中的人。胡萝卜是外强中干的人，表面上看起来坚强，但遇到挫折就退缩、脆弱；鸡蛋是脆弱但意志力强的人，面对挫折，它没有退缩，而是勇敢地接受挑战，变得坚强一些；而咖啡豆却是生活的强者，具有自强不息的精神和顽强的勇气。面对挫折，它顽强地和挫折斗争，结果改变了挫折，走出困境。

2. 如何正确理解成功的涵义？

成功是什么？成功意味着什么？不同的人对此有着不同的理解。实际上，成功的内涵是普遍而永恒的。成功并不是表面的现象，而是一种内在的感受，它显露于外的只是形式。真正意义上的成功应该是内在心理和外在形式上的统一。

成功不只是幸运的问题，就像“赢”不是简单的第一，或者幸福不仅仅意味着拥有大量的金钱一样。金钱只是成功的外貌或衡量成功的尺度，而不是成功的内核和根本。在拥有金钱的成功之余，我们也要拥有心灵的宁静。成功是一个系统工程，既需要提升自我价值观，也需要提高为人处世的技巧。

成功靠什么？有的人说，决定成功的主要因素是机遇；有的人说，决定成功的主要因素是个人行为等。事实上，一个人的成功，更重要的是其个人所具备的成功素质。

（1）成功需要道德良知作为基础。首先，道德高尚的人能够获得内心的平衡，从而实现内在自我价值；其次，有良好道德品质的人在与人沟通时能保持良好的心态，赢得友谊和支持，改善其生存和发展的环境，从而实现外在的成功。同时，崇高、正直的人格本身就是最大的成功。

（2）成功要有积极的心态。对自身来说，一个人成就的高度绝对无法超越他自信所能达到的高度。所以，积极的心态，是一切成功的基础；是一切成功的创造力、进取精神和力量的支撑。

（3）成功需要讲究技巧和策略。人们只有学会了有效的自我管理，处理好各种人际关系才能获得更多的财富、更有效率的工作、更快乐的生活。它包括目标和计划的制订、时间的管理、情绪的控制、个性的发挥、待人接物的技巧、语言的有效沟通、职业的选择等方面。经验告诉我们，我们不仅要做一个品德高尚的人，而且要做一个聪明人，使自己的品德和智慧感染人和影响他人。

(4) 成功是行动。"我的幻想毫无价值，我的计划渺如尘埃，我的目标不可能达到。一切的一切毫无意义，除非我们付诸行动。"行动是所有成功著作反复强调的内容。如果你渴望摆脱贫困，走出困境，那么，按照成功学的原则去行动。从现在就开始。

(5) 成功是一种训练的结果。只有有规律的训练，才能强化你的积极心态，才能改变你的不良思考习惯和行为习惯。好习惯是开启成功的钥匙。

每个人都渴望成功，没有人甘愿自己平庸。特别是青年人，他们对成功的渴望更是强烈，在漫漫的成功之路上还需要继续苦苦摸索和追寻。对当代大学生来说，可以从以下三个方面引导大学生认识成功，从而获得成功：

首先，大学教育是帮助大学生获得成功的主要途径之一。大学生成功教育首先要实现与大学生思想政治教育的融合，既通过思想政治教育使大学生提升理想信念，通过成功人士的经验传授和现身说法塑造个性，又通过自我教育和行为养成不断纠正不妥的行为方式而提高成功的概率。

其次，塑造健康人格是大学生是获取成功的重要保证。培养积极的心态和做好失败的心理调适是实施当代大学生成功教育的重要举措。健康的心态决定了一个人在失败时，也能从跌倒的地方重新站起来勇往直前。

最后，学会在实践中体验成功。体验成功之所以重要，是为了使大学生深入理解理想信念与目标行动的辩证关系，帮助大学生潜移默化地树立成功的信心，积累成功的经验，获取成功的能力。

☞ 教学参考资料与延伸阅读

[1] (英)蕾秋·乔伊斯. 一个人的朝圣[M]. 北京：北京联合出版公司，2013.
[2] 季羡林. 季羡林谈人生[M]. 武汉：武汉出版社，2011.
[3] (古罗马)马可·奥勒留. 沉思录[M]. 北京：中央编译出版社，2012.
[4] 杨绛. 走到人生边上：自问自答[M]. 北京：商务印书馆，2007.

第二章　坚定理想信念

教学目的与要求

通过对本章的学习，学生能够提高对理想信念问题的理论认知，坚定马克思主义科学信仰，正确认识中国特色社会主义共同理想和共产主义远大理想及其关系；能够正确看待理想和现实的矛盾，走出思想认识上的误区，树立科学的奋斗目标，将个人理想与国家的前途、民族的命运相结合，契合到实现中华民族伟大复兴的中国梦中，志存高远、脚踏实地、艰苦奋斗，在民族复兴的伟大实践中成就自己的精彩人生。

教学重点与难点

1. 理想信念的内涵和特征。
2. 理想信念对大学生成长成才的重要意义。
3. 坚定马克思主义科学信仰。
4. 树立中国特色社会主义共同理想。
5. 认识共产主义远大理想。
6. 理想与现实的关系。
7. 共产主义远大理想、中国特色社会主义共同理想与个人理想的关系。
8. 志存高远与脚踏实地。

学时安排

6 课时

☞ 教学内容

课程导入：

互动：你有没有理想？为了实现你的理想你做出过哪些努力？

你的理想是什么呢？

对于还未毕业的大学生而言，其理想大约是提高考试绩点，多拿奖学金。

对于已入职场的上班族来说，其理想可能是能尽快升职加薪，能早日有所成就。

对于在市场中“拼杀”的创业者来说，其理想也许是把企业做大做强，做到长期稳定发展。

……

不同的人，可能会有不一样的理想。

但有一条可以肯定，每一个人都需要有理想。理想是点亮未来的一盏灯，指引着人生的方向。有了理想，日子方能成为生活；有了理想，工作方能成为事业。否则，没有理想的你，跟咸鱼能有什么区别？

生活在这个世界的我们，必须明白：梦想很美好，现实很残酷。成绩平平的学生，就想着一下子成为学校里的学霸，显然是想当然了。刚开始工作的上班族，就想着拿百万年薪在大城市买房结婚，显然是有些不切实际了。创业不久的创业者，就想着上市圈钱，显然是有些痴心妄想了。

人需要有个理想，但也必须看清这个既美丽又真实的世界。柳传志说过，年轻人要有理想，但不要理想化。朋友圈里，时常看到朋友们发的各种目标和计划。比如，在新的一年阅读100本书，看50部电影等，又比如在新的一年完成多少的工作和业绩量等。有计划总是好的。但更为重要的是，将计划付诸行动，否则理想也只能沦为苦想。比如阅读100本书的计划，可以细化到每周乃至每天的阅读量，并在此时此刻付诸行动，而不是等到快到年终的时候才感叹，还有那么多本没有看完。

唯有行动，才能让理想成真；唯有启程，才能到达目的地。

我们该怎么理解“有理想而不理想化？”

理想信念昭示奋斗目标。人生是一个在实践中奋斗的过程，要使生命富有意义，就必须在科学的理想信念指引下，沿着正确的人生道路前进。理想信念是人的思想和行为的定向器，一旦确立就可以使人方向明确、精神振奋，即使前进的道路曲折、人生的境遇复杂，也能看到希望和曙光，永不迷失前进的方向。信仰马克思主义，坚定中国特色社会主义共同理想，胸怀共产主义远大理想，在新时期成为中国梦的实现者。同时要认清理想与现实的关系，既要志存高远又要脚踏实地。

第一节　理想信念的内涵及重要性

一、什么是理想信念

1. 理想的内涵与特征

理想是人们在实践中形成的、有实现可能性的、对未来社会和自身发展目标的向往与追求，是人们的世界观、人生观和价值观在奋斗目标上的集中体现。理想是多方面和多类型的，根据不同的标准，可分为个人理想和社会理想，近期理想和远期理想，生活理想、职业理想、道德理想和政治理想等。

理想有哪些特征呢？

第一，理想具有超越性。理想因其远大而为理想。理想之所以能够成为一种推动人们创造美好生活的巨大力量，就在于它不仅源于现实，而且超越现实。理想在现实中产生，但它不是对现状的简单描绘，而是与奋斗目标相联系的未来的现实，是人们对未来美好生活的憧憬和期待。离开理想的指引，人们会失去前进的方向；离开现实的努力，理想同样不能实现。科学的理想是人的主观能动性与社会发展客观趋势的一致性的反映，是在正确把握社会历史发展客观规律的基础上形成的合乎社会发展要求、合乎人民利益的理想。

第二，理想具有实践性。

案例：2019 年 7 月 10 日，“中国茅台・国之栋梁”希望工程圆梦行动 2019 脱贫攻坚公益计划在青海省海北藏族自治州正式发布。圆梦行动由茅台集团与中国青少年发展基金会共同发起，自 2012 年以来，茅台集团每年向中国青少年发展基金会捐款 1 亿元人民币，8 年共计捐款 8 亿多元，帮助 16 万余名贫困学子走进大学校园，产生了积极的公益成效与广泛的社会影响。

为了响应中央关于精准扶贫、精准脱贫，加大深度贫困地区脱贫攻坚的号召，2017年起，茅台集团进一步将圆梦行动深化推动为“脱贫攻坚三年公益计划”，把资助重点向深度贫困地区倾斜，努力构建政府、企业、公益组织之间高效互动、深入合作的平台。茅台集团党委书记、董事长李保芳表示，茅台集团与中国青少年发展基金会的携手，是爱心与温暖的碰撞、责任与担当的同行、理念与价值观的契合。茅台集团将继续与中国青少年发展基金会深化合作，把圆梦行动项目持续办下去，在履行社会责任的道路上不懈努力，为实现2020年全面建成小康社会做好国企应有的贡献。

（出自《人民日报》2019年09月05日07版）

作为一定的社会实践的产物，理想是处在特定历史条件下的人们对社会实践活动理性认识的结晶，离开了实践，任何理想的产生都是不可思议的。理想的实现，同样也离不开实践。人们只有在改造客观世界和主观世界的过程中才能以实践为桥梁，化理想为现实。理想在实践中产生，在实践中发展，而且也只有在实践中才能得以实现。

第三，理想具有时代性。

饥寒的年代里，理想是温饱；
温饱的年代里，理想是文明。
离乱的年代里，理想是安定；
安定的年代里，理想是繁荣。

——《理想》流沙河

理想同任何一种社会意识形态一样，都是一定时代的产物，都带着特定历史时代的烙印。不同时代的生产力发展水平不同，社会历史条件和政治经济关系不同，人们对社会现实状况、社会实践活动及其发展规律认识的深度和广度不同，形成的理想也就会有所不同。理想的时代性，不仅体现为它受时代条件的制约，而且体现为它随着时代的发展而发展。

2. 信念的内涵与特征

信念同理想一样，也是人类特有的一种精神现象，信念是认知、情感和意志的有机统一体，是人们在一定的认识基础上确立的对某种思想或事物坚信不疑并身体力行的精神状态。

信念具有高于一般认识的稳定性，人们的某种信念一旦形成，就不会轻易改变。然而信念的稳定性也不是绝对的，科学的信念必然会随着客观实际的改变而与时俱进，不断充实、调整和完善。

信念有不同的内涵，也有不同的层次。高层次的信念决定着低层次的信念，低层次的信念服从于高层次的信念；由于最高层次的信念具有最大的统摄力，因而它就代表了一个人的基本社会信仰。不同的人由于社会环境、思想观念、利益需要、人生经历和性格特征等方面的差异，会形成不同的乃至截然相反的信念。即使是同一个人，也会形成关于社会生活不同方面的信念。

理想是信念的根据和前提，信念则是理想实现的重要保障。

二、理想信念是精神之“钙”

理想指引方向，信念决定成败。如果说社会是大海，人生是小舟，那么理想信念就是引航的灯塔和远航的风帆。没有理想信念的人生，就像失去了方向和动力的小船，在生活的波浪中随处漂泊，甚至会沉没于急流之中。理想信念是人生发展的内在动力。在大学期间，大学生不仅要提高知识水平，增强实践才干，更要坚定崇高的理想信念。

理想信念昭示奋斗目标。人生是一个在实践中奋斗的过程。要使生命富有意义，就必须在科学的理想信念指引下，沿着正确的人生道路前进。理想信念是人的思想和行为的定向器，一旦确立就可以使人方向明确、精神振奋，即使前进的道路曲折、人生的境遇复杂，也能使人看到未来的希望和曙光，永不迷失前进的方向。只有理想信念坚定的人，才能始终不渝、百折不挠，不论风吹雨打，不怕千难万险，坚定不移为实现既定目标而奋斗。人的理想信念，反映的是对社会和人自身发展的期望。因此，有什么样的理想信念，就意味着以什么样的期望和方式去改造自然和社会，塑造和成就自身。只有树立起崇高的理想信念，才能够解答好人生的意义、奋斗的价值以及做什么样的人等重要的人生课题。

理想信念提供前进动力。志向高远，便力量无穷。一个人有了崇高坚定的理想信念，才会以惊人的毅力和不懈的努力成就事业。与此相反，一个人如果没有崇高坚定的理想信念，就有可能浑浑噩噩、庸庸碌碌、虚度一生，甚至腐化堕落、走上邪路。无数杰出人物之所以能在平凡的岗位上作出不平凡的业绩，在极其困难的条件下创造奇迹，一个重要的原因就在于他们具有崇高坚定的理想信念，从而具有披荆斩棘、锲而不舍的动力。大学时期确立的理想信念，对今后的人生之路将产生重大影响，甚至会影响终身。大学生人生目标的确立、生活态度的形成、知识才能的丰富、发展方向的设定、工作岗位的选择，以及如何择友、如何面对挫折、如何克服困难等问题的解决，都需要一个总的原则和目标，都离不开理想信念的指引和激励。大学生应当重视理想信念的选择和确立，努力树立科学崇高的理想信念，使人生道路越走越宽广，使宝贵的人生富有价值。

理想信念提高精神境界。理想信念是衡量一个人精神境界高下的重要标尺。理想信念作为人的精神世界的核心，一方面能使人的精神生活的各个方面统一起来，使人的精神世界成为一个健康有序的系统，避免精神空虚和迷茫；另一方面又能引导人们不断地追求更高的人生目标，并在追求和实现理想目标的过程中提升精神境界、塑造高尚人格。在追求理想和实现理想的过程中，人们要不断面对各种挑战，抵御各种诱惑，突破各种局限，克服各种困难。这个过程是人的精神世界从狭隘走向高远、从空虚走向充实、从犹疑走向执着的过程，也是一个人沿着自我成长和完善的阶梯不断攀登、逐步提升精神境界的过程。

第二节　崇高的理想信念

一、为什么要信仰马克思主义

1. 什么是马克思主义

从狭义上说，马克思主义即马克思恩格斯创立的基本理论、基本观点和学说的体系。

从广义上说，马克思主义不仅指马克思恩格斯创立的基本原理论、基本观点论和学说体系，也包括继承者对它的发展，及在实践中不断地发展着的马克思主义。

马克思主义是关于全世界无产阶级和全人类彻底解放的学说。它由马克思主义哲学、马克思主义政治经济学和科学社会主义三大部分组成，是马克思、恩格斯在批判地继承和吸收人类关于自然科学、思维科学、社会科学优秀成果的基础上于19世纪40年代创立的，并在实践中不断地丰富、发展和完善的无产阶级思想的科学体系。

2. 信仰马克思主义

第一，马克思主义是迄今为止最科学、最严密、最有生命力的理论体系。列宁指出："马克思学说具有无限力量，就是因为它正确。"马克思主义是在批判地吸收前人优秀思想成果、总结人类历史经验的基础上创立的科学理论，是人类文明成果的集大成，它深刻揭示了自然界、人类社会和思维发展的普遍规律。在人类思想史上，就科学性和真理性而言，还没有一种思想理论能达到马克思主义的高度，还没有一种学说像马克思主义那样对世界历史产生如此巨大的影响。甚至一些并不赞同马克思主义的人也承认，马克思主义是人类文明史上不朽的思想丰碑。就在21世纪来临的时候，马克思被西方思想界评为“千年第一思想家”。美国知名学者海尔布隆纳在他的著作《马克思主义：赞成与反对》中明确表示，要探索人类社会发展的前景，必须向马克思求教，人类社会至今仍然生活在马克思所阐明的发展规律之中。邓小平同志曾坚定地说：“我坚信，世界上赞成马克思主义的人会多起来的，因为马克思主义是科学。”

第二，马克思主义代表了最广大劳动群众的根本利益。马克思、恩格斯都出身于资产阶级家庭但他们反对少数人的统治，反对人剥削人的制度。马克思、恩格斯在《共产党宣言》中指出：“过去的一切运动都是少数人的或者为少数人谋利益的运动。无产阶级的运动是绝大多数人的、为绝大多数人谋利益的独立的运动。”可以说，历史上从来没有一种理论像马克思主义那样，与工人阶级和劳动人民的命运如此紧密地联系在一起。正因为这样，马克思主义一经产生，就“在世界的一切文明语言中都找到了拥护者”。诺贝尔文学奖获得者、德国著名作家海因里希·伯尔在谈到19世纪以来的历史巨变时说：“没有马克思，没有工人运动，当今世界5/6的人口将依然还生活在半奴隶制的阴郁状态之中。”中国正是在马克思主义指导下建立起社会主义制度，人民群众才真正掌握了自己的命运、成为国家和社会的主人。

第三，马克思主义为我们提供了认识和改造世界的科学方法。马克思主义具有鲜明的实践品格，它不满足于“解释世界”，而致力于“改变世界”。列宁曾说过，马克思“把伟大的认识工具给了人类，特别是给了工人阶级”。这个伟大的认识工具，就是辩证唯物主义和历史唯物主义。辩证唯物主义和历史唯物主义深刻揭示了事物的本质、内在联系及发展规律，为人类把握事物发展规律、解决面临的实际问题提供了科学指南。毛主席形象地把它比喻为“望远镜”和“显微镜”。正是因为有了辩证唯物主义和历史唯物主义这个“望远镜”和“显微镜”，我们才能深刻认识世界的本质、理解人与外部世界的关系，才能洞察人类社会发展规律，把握历史发展大势。马克思主义从理论走向变革现实的实践，深刻改变了世界面貌，有力地推动了世界历史进程。对于人类认识世界、改造世界来说，迄今为止，还没有哪一种理论能够比马克思主义更实用更管用。

第四，马克思主义科学预测了未来社会的理想状态，指明了人类社会的发展方向。从人类诞生之日起，特别是进入阶级社会以后，就在苦苦探寻理想的社会状态。马克思、恩格斯在批判旧世界的基础上，对未来社会作了科学设想，揭示了人类走向共产主义的历史必然性。这种没有剥削、没有压迫、人人平等的社会制度，理所当然地成为人类梦寐以求的最美好的社会理想。中国共产党和中国人民之所以选择马克思主义，很重要的一条就是他们描绘的社会理想符合人类社会发展进步方向，与中国传统文化高度契合。两千多年前，我国古代儒家经典《礼记》中就有对理想的大同社会的描述，如“老有所终，壮有所用，幼有所长，鳏寡孤独废疾者皆有所养”等。正是因为我国大同社会的理想与马克思主义所设想的共产主义有某种意义上的共通之处，使马克思主义在中国获得了广泛的文化和心理认同。

二、中国特色社会主义是我们的共同理想

中国特色社会主义共同理想是个人理想与社会理想的统一，是阶段性与长远性的统一，代表和反映了中国社会最广大人民群众的根本利益。

首先，理想是有层次和类型的，有个人理想，也有社会理想。个人理想描绘的是个人生活事业的理想状态，而社会理想描绘的是社会发展的理想状态。个人生活于社会中，个人理想离不开社会理想。中国特色社会主义共同理想是一种社会理想，是一种关于中国社会发展状态的理想。它对于个人理想具有整合作用，是若干个人理想的寄托和发育之所。当代中国人对自身生活和发展的若干期望和设想，事实上是以中国经济社会的持续发展为背景的，所以个人理想能否正确定位、能否实现，离不开对中国特色社会主义这一社会理想的把握。

其次，我们对共产主义远大理想的追求是一个漫长的过程。在这个过程中，有若干个阶段性理想。与远大理想相比，阶段性的理想更为具体，因而它可以成为一定历史时期人们所普遍追求的比较贴近的理想目标。夺取新时代中国特色社会主义伟大胜利，把我国建成富强民主文明和谐美丽的社会主义现代化强国，实现中华民族伟大复兴，是新时代全国各族人民的共同理想。习近平总书记指出：经过长期努力，中国特色社会主义进入了新时代，这是我国发展新的历史方位。坚持和发展中国特色社会主义，总任务是实现社会主义现代化和中华民族伟大复兴，在全面建成小康社会的基础上，分两步走在本世纪中叶建成富强民主文明和谐美丽的社会主义现代化强国。坚持中国特色社会主义共同理想，必须用习近平新时代中国特色社会主义思想武装全党，牢牢把握社会主义初级阶段这个基本国情，牢牢立足社会主义初级阶段这个最大实际，牢牢坚持党的基本路线这个党和国家的生命线、人民的幸福线，为中国人民谋幸福，为中华民族谋复兴，为实现人民对美好生活的向往不懈奋斗。这样一个现实的目标，最能直接地激发我们的奋斗热情。当然，中国特色社会主义事业是一个长期的过程，它并不是到本世纪中叶就结束。在我们达到这一理想目标之后，我们的中国特色社会主义道路还将继续向前延伸，中国特色社会主义事业还将进一步

向前推进，我国社会将进入新的发展阶段。到那时，中国特色社会主义共同理想还会增添新的内容。

最后，在社会生活中往往会出现不同的理想，但并不是所有的理想都能成为共同理想。有的理想只代表了少数人或个别人的利益和愿望，它只能成为个别或少数人的追求目标。中国特色社会主义理想之所以能成为共同理想，就是因为它代表和反映了中国社会最广大人民群众的根本利益，为广大人民群众所认同和接受。中国特色社会主义共同理想，是全党和全国各族人民的夙愿与共同追求。

三、胸怀共产主义远大理想

共产主义就是人们对社会资源整体占有形式的一种，或者是属于社会整体上分配形式的一种，是一种人们共同占有社会资源、共同劳动、共同分享劳动成果的公有制形式，从而达到人民当家做主的目标。

共产主义是现实运动和长远目标相统一的过程。有人认为，共产主义理想离现实太遥远，是无法实现的，这实际上割裂了共产主义远大理想与现实的辩证统一关系。事实上，共产主义的理想和实践早已存在于我们的现实生活中，那种认为“共产主义是渺茫的幻想”“共产主义没有经过实践检验”的观点是完全错误的。共产主义远大理想的最终实现是一个漫长、艰辛的历史过程，需要一代又一代人付出艰苦的努力。

作为当代大学生，我们要正确认识共产主义远大理想和中国特色社会主义共同理想之间的关系。实现共产主义是我们的远大理想，坚持和发展中国特色社会主义，就是向着远大理想所进行的实实在在的努力。心中有信仰，脚下有力量。走好新时代的长征路，大学生要不断增强中国特色社会主义道路自信、理论自信、制度自信、文化自信，自觉做共产主义远大理想和中国特色社会主义共同理想的坚定信仰者、忠实实践者，为崇高理想信念而矢志奋斗。

第三节　在实现中国梦的实践中放飞青春梦想

一、理想与现实的关系

理想和现实是一对矛盾，他们的关系既对立又统一。正确认识理想与现实的关系是实现理想的思想基础。

理想与现实是相互矛盾的。第一，理想与现实有对立性。理想不等于现实，现实也不等于理想。理想所需要的对象不是在现实中存在的，它是人们所要争取的未来对象，而与当前的现实对象相对立。一般来说，人生理想与现实的矛盾，主要表现为社会理想与社会现实的矛盾、道德理想与现实道德水平的矛盾、职业理想与社会需要的矛盾、生活理想与现实经济条件的矛盾。第二，理想与现实存在着差异。一方面，理想是真善美的集中体现，而现实中既存在着真善美的东西，也存在着假恶丑现象；另一方面，理想在本质上是对眼前客观现实的不满足，从而谋求改变，是不以人的意志为转移而“走着自己的路”。第三，现实属于今天，理想属于明天。理想要成为现实不但要符合客观现实的发展趋势和可能性，还必须依靠人们的实践活动。第四，理想与现实有区别性。理想源于现实又高于现实。如果理想就是现实，反映不出它与现实的矛盾，也反映不出对现实的超越，理想就失去了存在的根据和必要，无法成为人生追求的目标和前进的方向；反之，如果现实就是理想，人们就没有了奋斗目标。

理想与现实是相互统一的。理想与现实的统一体现在理想是在对现实认识的基础上发展起来的。理想受现实的规定和制约，不能脱离现实而幻想未来。现实是理想的基础和摇篮，理想是未来的现实。一方面现实中包含着理想的因素，孕育着理想的发展，在一定条件下，现实必定要转化为理想；另一方面，理想中也包含着现实，是现实的升华，既包含着现实中必然发展的因素，又包含着由理想转化为现实的条件，在一定的条件下，理想可以转化成为未来的现实。脱离现实而谈理想，理想就会成为空想。要把理想变为现实，最根本的途径是靠实践。树立理想、检验理想、完善理想、实现理想都是在实践中进行的。

理想信念不是拿来说、拿来唱的，更不是用来装点门面的，只有见诸行动才有说服力。大学生要把敢于吃苦、勇于奋斗的精神落实到日常的学习、生活和工作中。在学习上，刻苦钻研、不畏艰难，孜孜不倦地学习理论和专业知识，不断提高思想道德和专业知识水平；在生活上，艰苦朴素、勤俭节约，抵制和反对铺张奢华的思想和生活作风；在工作上，奋发图强、不怕困难、不避艰险，努力完成各项任务。

二、个人理想与社会理想的统一

个人理想指处在一定历史条件下和社会关系中的个体对于自己的未来物质生活、精神生活所产生的种种向往和设想，包括个人具体的职业理想、生活理想和道德理想。社会理想指社会全体成员的共同理想，是全体社会占主导地位的共同奋斗目标。

个人理想与社会理想的关系主要体现在：一方面，个人理想与社会理想相互联系、相互统一。个人理想只有植根于现实社会的土壤中，才可能实现；而社会理想只有建立在真正体现绝大多数个人的共同利益、共同目标的基础上才有生命力。另一方面，个人理想与社会理想是相互区别、相互制约的，各有其自身的规定性。首先，社会理想决定和制约着个人理想。在理想体系中，社会理想居于高层次，是最根本、起主导作用的。个人理想居于低层次，从属于社会理想。个人理想只有自觉地顺应社会理想并以此为基本方向来进行选择和确立，才可能实现自己的理想目标。如今，建设中国特色社会主义是指导我们的总目标、大方向，个人理想只有与这个方向相一致才可能实现并得到社会认可。其次，社会理想又是个人理想的凝聚和升华。社会理想反映着人们的共同愿望，代表着人们的共同利益，它要靠千万人的实践活动来实现。因此，社会理想不仅不排斥个人理想，而且是个人理想的凝聚和升华。我们党提出的现阶段共同理想，就集中反映了我国各族人民的共同利益和愿望。由此可见，社会理想并不是虚幻和空洞的，它体现在千百万人一系列的现实生活中。在处理个人理想与社会理想的关系上，应把握好以下两点：

（1）防止只讲个人理想不讲社会理想。有的人在确立个人理想时脱离客观实际，凭着自己的主观愿望去进行“自我设计”。这种无视客观条件的“个人理想”，其结果是处处碰壁、无法实现理想。因此，人们在处理个人理想与社会理想的关系时，不能只讲个人理想而不讲社会理想，不能背离社会理想的大目标去进行“唯我”设计。只有把自己的主观愿望与客观实际的可能性结合起来并瞄准社会理想这个大目标，自觉地调整个人理想，使个人理想顺应社会发展的正确潮流，才能在实现个人理想的过程中排除各种不良因素的干扰和腐蚀，在工作学习条件、生活环境等不尽如人意时避免消极埋怨和抵触情绪，真正做到个人理想与社会理想的有机统一。

（2）防止只讲理想职业不讲社会需要。理想从来不是个人想干什么就干什么。尽管社会已经为确立和实现个人的职业理想提供了良好的条件，但受社会生产力发展程度等条件的制约，社会分工的需要往往还不能使人人都如愿以偿。因此人们在选择职业时，既要力求符合自己的特定条件和专长，又不能忽视个人对社会应负的责任。当个人的职业理想与社会需要发生矛盾时，应以社会需要为重，及时调整和完善自己的职业理想，以保证职业理想的客观可行性。

三、为实现中国梦注入青春能量

第一，立志当高远。在中国传统文化特别是人生哲学中，非常重视讲“志向”。“志向”这个词具有两方面的涵义：一是确立一个目标和方向；二是以顽强的意志去追求它。可见，“志向”就是理想信念。而确立理想信念，就是“立志”。

在青年时期确立起来的远大志向是此后事业成功的关键。古往今来的无数事实证明，那些在事业上取得伟大成就、对人类作出卓越贡献的人，都是在青年时期就立下了鸿鹄之志，并为之坚持不懈，努力奋斗。宋代文学家苏轼说过，“古之立大事者，不唯有超世之才，亦必有坚忍不拔之志。”法国微生物学奠基人巴斯德强调：“立志是一件很重要的事情。工作随着志向走，成功随着工作来，这是一定的规律。立志、工作、成功是人类活动的三大要素。”所谓志，乃是理想、决心、毅力。立志，首先是解决理想问题。可以说，社会中的每个人都有一定的理想，理想并不专属于青年，但对青年尤为重要。人生进入青年时期，生活之路刚刚开始，面临着一系列重要的生活课题。需要人生的指路灯，这就是理想。青年时期是理想的形成时期，是立志的关键阶段。远大的理想像太阳，唯其大，才有永不枯竭的热量；远大的志向像灯塔，唯其高，才能照亮前进的航程。

第二，立志做大事。中国民主革命的先行者孙中山曾激励广大青年：要立志做大事，不要立志做大官。其中的道理就是希望青年以国家民族的命运为己任，而不要以个人的荣华富贵为人生的理想。如果一个人不顾自身所处时代的召唤，脱离自己所归属的国家和民族繁荣发展的需要，一切以自我为中心，天马行空、独来独往，那么，不仅他的人生价值取向是错误的，而且这种追求因为脱离了国家、民族和时代的需要，往往也是难以实现的。在今天，做大事就是献身于新时代中国特色社会主义伟大事业。无论从事什么具体、平凡的工作，只要是与这一伟大事业相联系、服务于祖国和人民的，就值得我们去做。新时代的大学生应该把个人的命运与国家和人民的命运联系在一起，立为国奉献之志，立为民服务之志，为祖国和人民的利益而奋斗，在为实现社会理想而奋斗的过程中实现个人理想。

第三，立志须躬行。

> 合抱之木，生于毫末；九层之台，起于累土；千里之行，始于足下。
>
> ——《老子·六十四章》

> 实现中华民族伟大复兴的中国梦，广大青年生逢其时，也重任在肩。广大青年既是追梦者，也是圆梦人。追梦需要激情和理想，圆梦需要奋斗和奉献。广大青

年应该在奋斗中释放青春激情，追逐青春理想，以青春之我、奋斗之我，为民族复兴铺路架桥，为祖国建设添砖加瓦。

（出自 2018 年 5 月 2 日，习近平在北京大学师生座谈会上的讲话）

通往理想的路是遥远的，但起点就在脚下，就在一切的平凡的岗位上。要实现崇高理想，大学生就要从我做起，从现在做起，充分发挥主观能动性，珍惜时间，抓紧现在，让青春放射出炽烈的光和热。坚决防止《明日歌》中的“我生待明日，万事成蹉跎”。如果无视“今天”，放弃“现在”，理想变成现实即成了空谈。此外，还要从小事做起，只有不厌小事才能成大事。“一屋不扫，何以扫天下”。伟大出自平凡，有志于追求崇高理想的大学生，应当记住列宁的教导：“要成就一件大事，必须从小事做起。”要相信：我们每做好一项工作，都是为建设中国特色社会主义事业的大厦添砖加瓦，都是为通向理想的宫殿铺路搭桥。

本章测试题

一、单项选择题

1. （　　）是人的精神世界的核心，是人精神上的“钙”。

   A. 思想道德　　B. 道德素质　　C. 理想信念　　D. 人生价值

2. 理想是（　　）。

   A. 与生活愿望相结合并指向未来的想象

   B. 缺乏客观根据的随心所欲地对未来的想象

   C. 在实践中形成的、有实现可能性的、对未来社会和自身发展目标的向往与追求

   D. 与现实有很大差距，毫无实现可能的未来想象

3. 以下关于理想表述错误的是（　　）。

   A. 理想带有时代的烙印，在阶级社会中，还必然带有特定阶级的烙印

   B. 理想之所以能够成为一种推动人们创造美好生活的巨大力量，就在于它不仅具有现实性，而且具有预见性

   C. 理想是人的主观能动性与社会发展客观趋势的一致性的反映，是人们在正确把握社会历史发展客观规律的基础上形成的，因此理想必然可以实现

   D. 实践产生理想，理想指引实践，理想与实践的相互作用推动着人们立足现实、着眼未来，在奋斗中追求，在追求中奋斗

4. 现阶段我国各族人民建设中国特色社会主义的共同理想和我们党建立共产主义社

会的最高理想，属于人生理想中(　　)的内容。

A. 生活理想　　B. 职业理想　　C. 道德理想　　D. 政治理想

5. 理想和现实的统一性表现在(　　)。

A. 理想就是现实

B. 有了坚定的信念，理想就能自动变为现实

C. 现实是理想的基础，理想是现实的未来

D. 理想总是美好的，而现实中既有美好的一面，也有丑陋的一面

6. 以下关于理想、幻想、空想的表述正确的是(　　)。

A. 理想是个人对幻想空想的改进

B. 理想源于实践具有实现可能是对未来的向往和追求

C. 理想是永恒的，幻想和空想可以随时间的变化而变化

D. 知识渊博的人具有崇高的理想，而空想幻想则源于无知

7. 一般来说，(　　)有盲目和科学之分。盲目的信仰就是对虚幻的世界、不切实际的观念、荒谬的理论等的迷信和狂热崇拜，科学的信仰则来自人们对自然界和人类社会发展规律的正确认识。

A. 理想　　B. 信仰　　C. 信念　　D. 意志

8. 新时代中国特色社会主义思想，明确中国特色社会主义最本质的特征是(　　)。

A. "五位一体"总体布局　　B. "四个全面"战略布局

C. 人民利益为根本出发点　　D. 中国共产党的领导

二、判断题

1. 高层次的信念决定低层次的信念，低层次的信念服从高层次的信念。信仰是最高层次的信念。(　　)

2. 信念可以说是最高层次的信仰，可以说，凡是信念，都是信仰。(　　)

3. 中国特色社会主义共同理想，就是在中国共产党领导下，坚持和发展中国特色社会主义，实现中华民族伟大复兴。(　　)

4. 坚持和发展中国特色社会主义，实现中华民族的伟大复兴，是当代中国最大的现实，也是全体中国人民共同的社会理想。(　　)

5. 艰苦奋斗是老一辈的事，当代青年不需要艰苦奋斗。(　　)

6. 新时代坚持和发展中国特色社会主义，总任务是实现社会主义现代化和中华民族伟大复兴，在全面建成小康社会的基础上，分两步走在本世纪中叶建成富强民主文明和谐美

丽的社会主义现代化强国。 ( )

热点问答与解析

1. 人为什么要有理想?

“人为什么要有理想”是理解理想的内涵和确立科学理想的认识前提。有些学生认为，“当一天和尚撞一天钟”很快乐，因此崇尚这样一些流行语：“我平庸，我快乐”“追求为痛苦之源，平庸为快乐之本”“人的期望越高，压力越大，给自我预留的生活空间就会越来越小，从而造成适得其反的效果”。针对这些错误认知，我们应该认识到：人不仅是生物意义上的存在，还是文明意义、社会意义和历史意义上的存在。作为文明的、社会的、历史的存在的人，并不是天生的，而是通过社会文明的教育、熏陶，逐渐在思想中形成关于“人应当怎样生活”“人与人的关系应当怎样”的认识，并将这种认识同自己联系起来，认识到自己作为一个人应当怎样去生活、怎样在生活中待人接物，从而逐渐将那些外在于自己的、构成人类文明的传统、道德、习俗、规范、制度等，大步转变为自己的自觉需要——作为文明的、社会的、历史的“人”的需要，使自己成为一个自觉的、行为不再像动物那样只为自然本能所支配的人。这个过程就是每个青年人都应当完成的精神发育的社会化过程。理想就是人们从自然人转变为文明的、社会的、历史的人的精神发展过程中的一个重要标志。将理想置于这个从自然人转变为社会人的精神发展过程中来理解，就可以看出，人之所以会产生理想，就在于：第一，人所特有的社会性本质。这种本质不是天赋的，而是后天获得的，只有转化为某种直接主导人们生活的主观观念，才能支配人的现实生活，即观念决定人的命运。第二，人的这种主观观念的核心，是有关“人”的明确认识。第三，人们正是以这种有关“人”的自觉认识为标准来衡量自己的现实生活，从而产生否定现实状况的认识，形成“人应当怎样生活”“好社会应当怎样”的个人理想和社会理想。

2. 如何正确认识我国社会主义初级阶段的国情，坚定实现社会主义初级阶段共同理想的信念?

青少年由于思想单纯，看事物往往过于理想化，对不尽如人意之处往往产生迷惑。如：面临城乡、区域、经济社会发展的不平衡，特别是那些身处落后地区、落后农村、城市弱势群体中的青少年，其个人及家庭所面临的诸多困难，难免会出现一些认识上的偏差，有的甚至会诉诸一些过激言行，因此必须帮助这些青少年对困难有一个正确的认识。

大学生要认识到实现中华民族的伟大复兴还有很长的路要走。我们的人口多、底子薄、经济技术相对落后，科技上许多关键技术仍受制于西方发达国家，我们在很长历史时期还远远落后于西方发达国家的现实不会改变。当前我国还存在一些深层次的矛盾和问题，如经济增长的资源环境压力；城乡、区域经济发展的不平衡等。为了解决这些问题，党中央十九大已做出重大战略部署，在全国人民面前展现了科学发展和社会和谐的美好前景。青少年必须相信，经过一代又一代中国人的长期艰苦奋斗和不懈努力，我国社会主义初级阶段共同理想一定能够实现。

3. 如何理解中国梦与大学生成长成才的关系？

大学生肩负实现中华民族伟大复兴中国梦的历史重任，只有把实现理想的道路建立在脚踏实地的奋斗上，才能放飞青春梦想，实现人生理想。实现中国梦是广大青少年成长成才的必由之路。

首先，中国梦为大学生成长成才确立理想信念。当代大学生人生理想信念的确立需要中国梦的指引。中国梦是全国各族人民的共同理想，也是青年一代应该牢固树立的远大理想。中国特色社会主义是我们党带领人民历经千辛万苦找到的实现中国梦的正确道路，也是广大青年应该牢固确立的人生信念。中国梦有利于大学生坚定理想信念，在复杂的社会生活中不为利益所困、不为乱象所迷、不为迷惘所陷，把个人命运与国家命运紧紧相连，把个人理想与人民追求紧紧相连，把个人梦想与中国梦想紧紧相连，自觉为实现中华民族伟大复兴的中国梦而不懈奋斗。

其次，中国梦为大学生成长成才提供精神动力。当代大学生成长成才需要中国梦为其提供不竭的精神动力。中国梦是国家的梦、民族的梦，也是包括广大青年在内的每个中国人的梦。“得其大者可以兼其小。”只有把人生理想融入国家和民族的事业中，才能最终成就一番事业。大学生在学习、生活、发展中会遇到许多难题，在实现中国梦的接力奋斗中会经受各种考验。中国梦能够帮助大学生在为实现中国梦奋斗的过程中不断坚定逢山开路、遇河架桥的意志，始终保持解放思想、敢为人先的良好精神状态，能够帮助大学生自觉地将个体的成长成才融入中华民族复兴的洪流伟业之中，在为中国梦努力奋斗的历程中实现自我的人生价值。

最后，中国梦为大学生成长成才指明奋斗方向。大学生是实现中国梦的“顶梁柱”，只有明确奋斗的方向，才能在实现中国梦的征程中有所作为。正如习近平所说：“历史和现实都告诉我们，青年一代有理想、有担当，国家就有前途，民族就有希望，实现我们的发展目标就有源源不断的强大力量。”“实干兴邦，空谈误国。”中国梦需要经过艰辛的奋斗，需要经过一步一个脚印的实干才能最终实现。实现民族伟大复兴的中国梦能够激发当代大学生强化忧患意识和成才意识，向当代大学生发出召唤，使之为中国梦的实现贡献更大的力量。

教学参考资料与延伸阅读

[1] 孙正聿. 理想信念的理论支撑[M]. 长春：吉林人民出版社，2014.

[2] 中共中央文献研究室. 习近平关于实现中华民族伟大复兴的中国梦论述摘编[M]. 北京：中央文献出版社，2013.

[3] 姚巧华. 敢于负责勇于担当[M]. 北京：北京工业大学出版社，2011.

第三章 弘扬中国精神

教学目的与要求

通过本章内容的学习，帮助学生把握中国精神的科学内涵和现实意义，深刻理解中国精神是民族精神和时代精神的统一，以及实现中国梦必须弘扬中国精神的必要性。把握民族精神的基本内容，深刻理解爱国主义的基本内涵，认识新时代的爱国主义，实践做忠诚的爱国者的行为要求；把握时代精神的内涵和主要体现，深刻领会改革创新的时代要求和重要意义，理解做改革创新生力军的行为要求，提高对中国精神的理论认识和实践理解。引导学生在生活实践中自觉继承和弘扬中华民族爱国主义的优良传统，推进祖国统一，促进民族团结，增强国家安全意识，做一个忠诚的爱国者。引导学生在生活实践中自觉培育以改革创新为核心的时代精神，增强改革创新的自觉意识，培养改革创新的责任感，提升改革创新的实践能力，做改革创新的生力军。

教学重点与难点

1. 中国精神的历史传承。
2. 中国精神的内容构成及其内在辩证关系。
3. 爱国主义的基本内涵。
4. 新时代的爱国主义的基本要求。
5. 当代大学生做忠诚的爱国者的途径。
6. 创新创造是中华民族禀赋。
7. 改革创新是时代要求。
8. 当代大学生做改革创新生力军的途径。

学时安排

6 课时

☞ 教学内容

第一节　中国精神是兴国强国之魂

一、重精神是中华民族的优秀传统

中华民族崇尚精神的优秀传统，首先表现在对物质生活与精神生活相互关系的独到理解上。古圣先贤认为，人之所以异于禽兽，在于人有道德，有精神追求。物质生活固然为人所必需，但如果只沉溺于物欲而不能自拔，则无异于禽兽。古人认为“不义而富且贵，于我如浮云”，强调“道德当身，故不以物惑”，崇尚“一箪食，一瓢饮，在陋巷，人不堪其忧，回也不改其乐”的精神追求。

中华民族崇尚精神的优秀传统，也表现在中国古人对理想的不懈追求上。理想是激励个体的精神内驱力，是凝聚社会整体的精神力量。矢志不渝地坚守理想，是中国古人崇尚精神的典型体现。如，儒家把仁爱和谐视为最高的道德理想，为实现“仁”的理想即使献出生命也在所不惜，即“志士仁人，无求生以害仁，有杀身以成仁”；墨家把“兼相爱，交相利”作为理想，提倡为兴天下之利、除天下之害而摩顶放踵。

中华民族崇尚精神的优秀传统，亦表现在对道德修养和道德教化的重视上。中国传统文化十分强调道德修养和道德教化，将“立德”置于“三不朽”(立德、立功、立言)之首，重视人的精神品格的养成。中国古人认为，“自天子以至于庶人，壹是皆以修身为本”，认为教化的目的是“明人伦”，是培养有道德的人。

中华民族崇尚精神的优秀传统，还表现为对理想人格的推崇。孔子讲“知之者不如好之者，好之者不如乐之者”；孟子谓：“可欲之谓善，有诸己之谓信。充实之谓美，充实而有光辉之谓大，大而化之之谓圣，圣而不可知之之谓神。”

中国共产党是中华民族重精神优秀传统的忠实继承者和坚定弘扬者。在革命、建设、改革各个历史时期，中国共产党都强调要处理好物质和精神的关系，重视发挥人的精神的能动作用，中华民族重精神的优秀传统得到进一步发扬光大。

二、中国精神是民族精神和时代精神的统一

1. 以爱国主义为核心的民族精神

民族精神是一个民族在长期共同生活和社会实践中形成的，为本民族大多数成员所认同的价值取向、思维方式、道德规范、精神气质的总和，是一个民族赖以生存和发展的精神支柱。在5000多年的历史发展中，中华民族形成了以爱国主义为核心的伟大民族精神。

1925年夏，闻一多从美国留学归国。走下海轮，诗人难以抑制心头的兴奋，把西服和领带扔进江中，急切地扑向祖国怀抱。然而，等待他的，却是无边的黑暗。放眼家国故园，山河破碎，风雨如磐，豺狼当道，列强横行，祖国母亲被瓜分割占。诗人悲愤地写下了诗歌《发现》，并旋即在《现代评论》上发表了著名的爱国诗篇《七子之歌》。“七子”是指当时被列强霸占的七块土地，澳门只是“七子”之一。祖国母亲被掠去的七子分别是香港、澳门、台湾、九龙、威海卫、广州湾和旅大(旅顺大连)。到1900年，帝国主义列强已在中国土地上强行开辟商埠上百处，在10多个城市划定租界20余处。“中华七子”在英、法、日、俄等帝国主义列强的淫威下四散飘零。有一首诗代表了当时爱国志士们的心境：“沉沉酣睡我中华，哪知爱国即爱家，国民知醒宜今醒，莫待土分裂似瓜。”闻一多目睹“国疆崩丧，积日既久”，有感于神州故土“失养于祖国，受虐于异类”，“因择其中与中华关系最亲切者七地，为作歌各一章，以抒其孤苦亡告，眷怀祖国之哀忱，亦以励国人之奋兴云尔。”激荡在诗行间的热爱祖国、热盼统一的浓烈情感立即在读者中引起了强烈反响。被列强掳去的“中华七子”，是民族罹难、国家浩劫的象征。它表明：“国弱民受辱”“落后就要挨打”；它警示国人：“中华民族已经到了最危险的时候！”100多年来，一代又一代的中华儿女为了国家富强、民族独立挺身而出，抛头颅，洒热血，前仆后继，上下求索，谱写了一首首恢宏壮丽的历史诗篇。中国人民不屈不挠追求统一的意志汇成不可阻挡的洪流。1930年10月，中国收回威海卫；1945年，中国人民战胜日本侵略者，10月25日，日本在台湾的最后一任总督安藤利吉在台北中山堂向中国政府递交投降书，台湾从此重归中国版图。与此同时，广州湾、旅顺和大连也相继回到祖国的怀抱。

活动：学唱《七子之歌》，体会爱国情怀。

讨论：民族精神在日常生活中有哪些体现？在新时期有何体现？

2. 以改革创新为核心的时代精神

时代精神是一个国家和民族在新的历史条件下形成和发展的，是体现民族特质并顺应时代潮流的思想观念、价值取向、精神风貌和社会风尚的总和，是一种对社会发展具有积极影响和推动作用的集体意识。时代精神反映社会进步的发展方向，引领时代的进步潮流，是社会的主旋律和时代的最强音。

研制可摘取式刀闸，使变压器保险抢修由45分钟减少到8分钟；制作“三防凉帽”，保证鸟儿、设备两相安；开发带电作业机器人……“爱琢磨，爱鼓捣”的国网天津电力滨海供电分公司运维检修部抢修班班长张黎明回顾自己从一名巡线工成长为一名蓝领专家的历程。“在开展创新的实践中，我感到发自内心的快乐，尽管我们的工作普通而平凡，但这些小小的积累，同样是国家走向繁荣和强大的一部分。”他说，能和千千万万的劳动者赶上这个重视创新、尊重创新的伟大时代，深感幸运。他表示，未来将继续诚实劳动、创新创造，为伟大祖国的光明未来奋斗不息。

（出自《人民日报》2019年08月29日02版）

讨论：民族精神与时代精神有何联系？

3. 民族精神与时代精神的辩证统一

民族精神与时代精神紧密关联，都是一个民族赖以生存和发展的精神支撑。一切民族精神都曾经是一定历史阶段中带动潮流、引领风尚、推动社会发展的时代精神。同时，一切时代精神都将随着历史的变迁逐步融入民族精神的长河之中，不断丰富和发展民族精神的时代内涵。弘扬和培育民族精神，必须自觉回应时代的要求，推动民族精神的不断革新，推动民族精神的创新性发展和创造性转化，从而为当下的实践提供精神力量。弘扬和培育时代精神，必须立足民族精神的根基，接续民族精神的血脉，承接民族精神的基因，使得时代精神既面向未来，又不忘本来，始终具有引领民族前行的强大吸引力和感召力。

民族精神和时代精神共同构成了我们当今时代的中国精神。民族精神赋予中国精神以民族特征，是中华民族的精神独立性得以保持的重要保证；时代精神赋予中国精神以时代内涵，是中国精神引领时代前行、拥有鲜明时代性和强大生命力的重要根源。民族精神和时代精神的交融汇通，使得中国精神既具有鲜明的民族性，又洋溢着强烈的时代性，成为中华民族共有的精神家园、奋力实现复兴的强大精神力量。

三、实现中国梦必须弘扬中国精神

掏粪工人时传祥，以“宁愿一人脏，换来万家净”的精神，赢得了人们的普遍尊敬，这种精神也已成为中华民族一份宝贵的精神财富。“团结起来，振兴中华”这是忠于祖国、热爱人民精神的大写意。无论是黄继光精神、上甘岭精神，还是中国女排精神、北京奥运精神……都是激励我们实现民族复兴、国家富强、人民幸福的重要力量源泉。“活着就是为了别人生活得更加美好”，这是追求真理、坚持理想精神的大写意。无论是雷锋精神、邓稼先精神，还是“两弹一星”精神、载人航天精神……都是激励我们为中国特色社会主义事业努力奋斗的坚实思想基础。“宁可少活20年，拼命也要拿下大油田”，这是艰苦奋斗、敢于胜利精神的大写意，无论是铁人精神、大寨精神，还是红旗渠精神、青藏铁路精神……都是激励我们战胜前进道路上一切艰难险阻的强大精神支柱。

他们，正是中国精神的代表。依靠中国精神，我们取得抗震救灾斗争的伟大胜利；依靠中国精神，我们成功举办北京奥运会。今天，面对国际金融危机的冲击，“众志成城”“共克时艰”“危中求进”“化危为机”成为全民族的共识，中国精神成为应对危机的强大动力。坚守信念，传承精神，是一个民族成熟的标志。传承中国精神是一场没有终点的接力。在未来道路上，中国精神就像一盏灯，引领中华民族在全面建设小康社会的征程上阔步前进，开创更加美好的明天。

（出自《光明日报》2019年09月21日03版）

他们的故事令我们感动，是强大的精神力量。为了实现自己的梦想，奉献社会。

中国精神是兴国强国之魂。实现中国梦，必须弘扬中国精神，以高扬的精神旗帜为指引，以强大的精神支柱为支撑，团结凝聚全体人民的智慧和力量，为实现中国梦而努力奋斗。

凝聚中国力量的精神纽带。推进民族复兴的时代伟业，我们必须有万众一心、众志成城的强大精神凝聚力。

激发创新创造的精神动力。当前，我们正在从事的中国特色社会主义事业是一项前无古人的创造性事业，中国精神作为兴国强国之魂的价值和意义更为凸显。

推进复兴伟业的精神定力。世界上没有一个民族能够亦步亦趋走别人的道路实现自己的发展振兴，也没有一个民族会在心神不定、游移彷徨中成就自己的光荣和梦想。坚持和发展中国特色社会主义，需要我们正确认识当代世界和中国发展大势，正确认识中国特色和国际比较，坚定道路自信、理论自信、制度自信、文化自信。

第二节　爱国主义及其时代要求

一、爱国主义的基本内涵

爱国主义体现了人们对自己祖国的深厚感情，反映了个人对祖国的依存关系，是人们对自己故土家园及民族和文化的归属感、认同感、尊严感与荣誉感的统一。它是调节个人与祖国之间关系的道德要求、政治原则和法律规范，也是民族精神的核心。

第一，爱祖国的大好河山。“世界上有许多美好的地方。但是，那里有黄山么？有黄河么？有长江么？有长城么……既然这些都没有，那么，祖国就是一个不可替代的地方。”当年路遥的文字，激发起多少人爱国奋斗的精神。

国家是大家的，爱国是每个人的本分。这是我们著名教育学家陶行知先生说过的话，这句话十分形象地说出了陶先生的心声，也为我们每一个中国人爱国精神的生长提供了一个参考。前段时间在央视热播的电视剧《最美的青春》中，冯程和覃雪梅等第一代种树人，来到了塞罕坝，在荒漠上营造起万顷林海，在长达半个世纪的时光里，塞罕坝人一刻也未曾忘记自己的使命，克服了常人难以想象的困难，创造了沙漠变绿洲、荒原变林海的奇迹，打造出了“世界上最大的人工森林”，我想这最美丽的青春的关键之一就是这群可爱的人表现出来的爱国精神，他们爱自己国家的大好河山，爱祖国的山山水水，爱生于斯、长于斯的可爱中国。爱国就爱祖国的大好河山。在这一点上，我们的古人为我们做了很好的榜样，从神龙尝百草，尝遍祖国大地上的一草一木到郦道元用脚步丈量祖国的山山水水，他们用执著的精神向我们诠释了如何做一个爱祖国大好河山的人。我们的祖国是一座历史悠久的文化古国，其风景名胜更是数不胜数、别具韵味。那绵亘蜿蜒的万里长城，那辽阔无垠的青藏高原，那宏伟秀丽、恩泽后世的都江堰，那古朴幽静、独具特色的江南水乡，哪一处美景不令人陶醉？哪一处山河不让人留恋？

有人会说，的确我们国家拥有大好河山，但改革开放以来我们一味发展经济，祖国的大好河山已经被污染了，我们的绿水青山已经越来越珍贵了。毫无疑问，在追求经济发展过程中我们确实面临环境污染和生态保护的问题，但这不能成为我们不爱国的理由，正因为这样，我们才要更加珍惜当前来之不易的生活，更加要尊重生态，重视保护资源环境。我们必须发扬我们民族艰苦奋斗、勤俭节约的好传统，发扬我们民族重视生态环境的好传统，处理好发展与资源的关系、发展与环保的关系，加强生态文明建设，让我们祖国的天更蓝、水更绿，推动和保障我国的可持续发展。

第二，爱自己的骨肉同胞。我们祖国之所以可爱，不仅仅因为她拥有幅员辽阔、物产丰富、山河壮丽的国土，更重要的是因为她拥有世世代代生存在这片国土上勤劳、勇敢、善良、智慧的亿万人民。各族人民是伟大祖国之本，是伟大祖国的创造者，祖国和人民是密不可分的。因此，热爱祖国最根本的是热爱那些创造悠久历史和灿烂文明的各族人民，所以邓小平在1981年英国出版的《邓小平文集》序言中情真意切地写道："我荣幸地以中华民族一员的资格，而成为世界公民。我是中国人民的儿子，我深情地爱着我的祖国和人民。"

爱自己的骨肉同胞，表现在一个人不仅要爱自己的家人，爱身边的人，还要有"大爱""博爱"，爱这个社会上所有的人民群众，不管他出身高贵或是贫贱。

第三，爱祖国的灿烂文化。人们在现实生活中，或许会背井离乡，或许会彼此隔绝，但对祖国灿烂文化和历史传统的认同总会把人们的心连在一起，爱祖国的灿烂文化就应该认真学习和真正了解祖国的历史，深入了解祖国优良的历史文化传统。

中华民族是勤劳而富有创造精神的民族，在古代史上，创造出了灿烂辉煌的古代文化，培育出了无数杰出的科学家。我国古代文化璀璨夺目，光彩照人，不胜枚举：商代的青铜文化和世界上最早的日食、月食记录；春秋时期关于哈雷彗星的世界最早记载；战国时期产生的世界首部天文学著作《甘石星经》；被誉为"世界第八大奇迹"的秦始皇陵兵马俑；比西方早500年提出的勾股定理特例；比西方早800年问世的药典《唐本草》；西汉至宋代的四大发明——造纸术、印刷术、指南针和火药……这一切都是世界科技史上的珍奇，其中四大发明是使我国成为四大文明古国的重要标志，它的西传则对西方文明的发展产生了尽人皆知的影响。

第四，爱自己的国家。

近日，意大利奢侈品牌Dolce&Gabbana（杜嘉班纳）以一种傲慢无知的负面形象，进入中国普通民众的视野。不仅在一则关于"起筷吃饭"的广告片中涉嫌歧视，更有一名设计师在与网友的交流中公然辱华。事件一曝光，就引发广大网友的口诛笔伐，不少中国艺人也相继退出原定于近期举办的大型时装秀。

更令广大民众气愤的是，从歧视广告到公然辱华，从宣称账号被盗到轻描淡写高呼“不幸”，杜嘉班纳后续的一系列敷衍操作使其成为众矢之的。就在今天，杜嘉班纳创始人发道歉视频，“正式向所有全球华人致上最深的歉意”“绝对不会忘记这次的经历及教训”“竭尽全力更加理解和尊重中国文化”，并用中文“对不起”作为道歉视频的结尾。

正如外交部回应的那样，“与其来问外交部发言人，不如去问一问中国的普通民众，看他们如何看待这个问题。”实际上，从奔驰海报辱华事件到瑞典电视台新闻辱华事件，再到杜嘉班纳辱华事件，在这些风波中受伤的从来都是最普通、最无辜的中国人民。无论是因为无知还是源于傲慢，不管是由于疏忽还是主观抹黑，这些令人愤慨的行径都低估了绵延5000多年的中华文明，都引起了13亿多的中国人民的反感，都触及了中国960多万平方公里“一点都不能少”的底线。在中国日益走近世界舞台中央的进程中，越来越多的中国人无畏于这些嘈乱刺耳的杂音，变得有底气有能力、有信心有决心保持自己的主流叙事，让真正的中国声音响彻世界。

（出自人民网2018年11月24日观点频道
《评D&G辱华：中国，才是我们最珍视的奢侈品》）

爱祖国不是抽象的，而是具体的。祖国的大好河山，自己的骨肉同胞，民族的灿烂文化，是同具体的国家相联系的。我们每个人的发展都是同国家的发展和进步联系在一起的，爱祖国就要心系国家的前途和命运，就要把国家和人民的利益摆在首位，为祖国的独立和富强，为人民的解放和幸福贡献力量。

二、新时代的爱国主义

活动：欣赏爱国主义教育电影《战狼2》并谈谈感想。

1. 坚持爱国主义和社会主义相统一

祖国的命运和党的命运、社会主义的命运是密不可分的。只有坚持爱国、爱党和爱社会主义相统一，爱国主义才是鲜活的、真实的，这是当代中国爱国主义精神最重要的体现。

2. 维护祖国统一和民族团结

在新的时代条件下，弘扬爱国主义精神，必须把维护祖国统一和民族团结作为重要着力点和落脚点。维护和推进祖国统一，是中华民族走向伟大复兴的题中之意。解决台湾问题、实现祖国完全统一，是不可阻挡的历史进程，也是全体中华儿女的共同心愿。和平统一最符合包括台湾同胞在内的中华民族的根本利益。要从中华民族整体利益的高度把握两岸关系大局，在认清历史发展趋势中把握两岸前途，坚持增进互信、良性互动、求同存异、务实进取，促进两岸关系发展取得更多积极成果，努力增进两岸人民福祉，增进对两岸命运共同体的认知，不断拓宽两岸关系和平发展的道路。

3．尊重和传承中华民族历史和文化

习近平指出："历史是一面镜子，从历史中，我们能够更好地看清世界，参透生活，认识自己；历史也是一位智者，同历史对话，我们能够更好地认识过去，把握当下，面向未来。"抛弃传统，丢掉根本，就等于割断了自己的精神命脉。历史和现实都表明，一个抛弃了或者背叛了自己历史文化的民族，不仅不可能发展起来，而且很可能上演一场历史悲剧，正所谓"灭人之国，必先去其史。"祖国是人民最坚实的依靠，英雄是民族最闪亮的坐标。"天地英雄气，千秋尚凛然。"一个有希望的民族不能没有英雄，一个有前途的国家不能没有先锋。我们要对中华民族的英雄心怀崇敬，自觉传承好中华民族辉煌灿烂的历史文化。

4．必须坚持立足民族又面向世界

中国的命运与世界的命运紧密相关。经过改革开放40年的发展，中国日益走近世界舞台的中央。当今社会越来越成为你中有我、我中有你的命运共同体。坚持新时代的爱国主义，要求我们正确处理好立足民族与面向世界的辩证统一关系，把弘扬爱国主义精神与扩大对外开放结合进来，既要尊重各国的历史特点、文化传统，尊重各国人民选择的发展道路，从不同文明中寻求智慧、汲取营养，增强中华文明生机活力，又要积极倡导求同存异、交流互鉴，促进不同国度、不同文明相互借鉴，共同进步，共同推动人类文明发展进步。

三、做忠诚的爱国者

案例：

2011年，18岁的小哲在一所重点大学机械专业读二年级，因为学习成绩优异，他得到了去台湾义守大学学习交流的机会。在一次聚会上，小哲被一位自称许佳滢的台湾女子搭讪，之后常常相约，小哲感觉到这位大几岁的小姐姐对自己的情意不一般。一个月后，两人相约旅行，许佳滢不厌其烦地打听关于小哲的各种情况，比如亲戚中有没有公务员，能不能接触到政府的一些文件，并且告诉小哲这些文件还可以卖钱。

小哲所学专业可以接触到不少国防科工的机密，但他完全没有意识。当晚二人发生了关系。小哲回到大陆后，许佳滢以恋人的身份向小哲提出要求，让小哲回去及时把取得的成果发过来和她分享，彼此成为对方的“眼睛”。小哲就读研究生后，参与国家重点实验室的一些项目，逐渐感觉到许佳滢的要求不正常，就提出来分手，但结果是许佳滢在小哲的朋友中到处诋毁小哲是个骗子。

2014 年，许佳滢的活动被国家安全部门发现，小哲的行为立即被制止。期间，小哲总共向许佳滢提供了涉及我国防科工的近百份情报，收到了许佳滢的一些报酬，总共折合人民币 45 000 元。小哲因为不再适合相关专业的学习而退学，并被追究相关法律责任，经查明，许佳滢的真实姓名是许莉婷，1977 年 1 月出生，比小哲大了整整 16 岁，是台湾军情局的间谍人员。

小哲交往不慎，落入陷阱，为境外不明真相人员非法提供了国家秘密和情报，并收取相应报酬，根据《刑法》第 111 条，涉嫌为境外人员非法提供国家秘密罪，视情节轻重受到了相应的法律处罚。

（出自《新晚报》2018 年 9 月 17 日 第 B02 版）

案例中的几名当事人都受到了不同程度的法律追究。杭州市国家安全局提醒在境外学习的同学们：警惕无缘无故的恩惠，切莫触犯法律的底线。

1. 维护和推进祖国统一

保持香港、澳门长期繁荣稳定，实现祖国完全统一，是实现中华民族伟大复兴的必然要求，是不可阻挡的历史进程，也是全体中华儿女的共同心愿。

和平统一最符合包括台湾同胞在内的中华民族的根本利益。坚持一个中国原则。一个中国原则是两岸关系的政治基础。推进两岸交流合作。促进两岸同胞团结奋斗。两岸双方应秉持“两岸一家亲”的理念，顺势而为、齐心协力，心心相印、守望相助，巩固和扩大两岸关系发展成果。反对“台独”分裂图谋。“统则强、分必乱。”反对和遏制任何形式的“台独”分裂主张和活动，不能有任何妥协。

2. 促进民族团结

处理好民族问题，促进民族团结，是关系祖国统一和边疆巩固的大事，是关系民族团结和社会稳定的大事，是关系国家长治久安和中华民族繁荣昌盛的大事。大学生都要像爱护自己的眼睛一样维护民族团结，像爱护自己的生命一样维护社会稳定，自觉做民族团结进步事业的建设者、维护者、促进者。

3. 增强国家安全意识

确立总体国家安全观。国家安全是指一个国家不受内部和外部的威胁、破坏而保持稳定有序的状态。

增强国防意识。强大的国防是国家生存与发展的安全保障。我国的国防是全民的国防。

履行维护国家安全的义务。我国宪法明确规定了公民维护国家安全的基本义务。

"振兴中华，从我做起"，这是改革开放初期大学生喊出的响亮口号。这个口号鼓舞着无数青年学子投身祖国的现代化建设事业，在各自的工作岗位上建功立业。新时代的大学生应当高扬爱国主义旗帜，把爱国之情、强国之志、报国之行统一起来，为国家和民族做出应有的贡献。

第三节　让改革创新成为青春远航的动力

一、创新创造是中华民族最深沉的民族禀赋

中华民族是富有创新精神的民族。我们的先民很早就提出了"苟日新，又日新，日日新""穷则变，变则通，通则久"等与创新创造有关的思想观念。在历史的漫漫长河中，变通求新、因革损益、革故鼎新、与时俱进、与日偕新等思想观念逐渐积淀为中华民族最深沉的民族禀赋。

勇于创新创造的民族禀赋成就了辉煌灿烂的中华文明。我国古代在天文历法、数学、农学、医学、地理学等众多领域取得举世瞩目的成就。这些发明创造同生产紧密结合，为农业和手工业发展提供了有力支撑。英国哲学家培根曾说：印刷术、火药、指南针，这些发明改变了整个世界事物的面貌和状态。资料显示，16 世纪以前世界上最重要的 300 项发明和发现中，我国占 173 项，远远超过同时代的欧洲。此外，在诗词歌赋、绘画、书法等文学艺术领域，中国也为世界奉献了唐诗、宋词、元曲等诸多人类文明宝库里的瑰宝。

二、改革创新是时代要求

首先，创新始终是推动人类社会发展的第一动力。

有人说，世界上最精妙和激动人心的事情莫过于生命的诞生。但并非所有人都有机会体验这种美好，不少人被不孕症困扰，胚胎着床失败就是不孕的重要病因之一。精子和卵子相遇后的第七天，胚胎开始逐渐埋入母亲的子宫组织，逐渐完成“胚胎着床”这一关键的发育过程。然而此前，着床的过程就像“黑匣子”，没有人知道其中到底发生了什么，包括着床失败在内等问题自然也无法解释。前不久，中国的科学家打开了这个“黑匣子”。

来自北京大学汤富酬与北医三院乔杰联合团队的研究成果首次解析了人类胚胎着床的过程，绘制了一份解锁“黑匣子”的“导航图”。8月21日，国际顶级学术期刊《自然》杂志在线发表了该课题组名为《利用单细胞转录组和DNA甲基化组图谱重构人类胚胎着床过程》的论文，引发国内外学者的高度关注。

该论文的第一作者是汤富酬课题组的周帆，今年33岁，这是他继2016年首次解析“造血干细胞起源”之后再度问鼎《自然》杂志。“这次我们打开了人类胚胎着床过程的‘黑匣子’，仔细查看了这一过程中的关键发育事件。”

（出自《中国青年报》2019年09月02日08版）

其次，创新能力是当今国际竞争新优势的集中体现。

“在激烈的国际竞争中，唯创新者进，唯创新者强，唯创新者胜。”今天，国际竞争的新优势越来越集中体现在创新能力上。当今世界，谁牵住了科技创新这个“牛鼻子”，谁走好了科技创新这步先手棋，谁就能占领先机，赢得优势。当前，全球新一轮科技革命和产业变革正在孕育兴起，谁在创新上先行一步，谁就能拥有引领发展的主动权。新科技革命和产业变革将重塑全球经济结构，就像体育比赛换到了一个新场地，如果我们还留在原来的场地，那就跟不上了。面对科技创新和产业革命新趋势，世界主要国家都在积极调整应对，努力寻找创新的突破口，抢占发展的先机，纷纷出台新的创新战略，加大投入，加强人才、专利、标准等战略性创新资源的争夺，创新战略竞争在综合国力竞争中的地位日益重要。

最后，改革创新是我国赢得未来的必然要求。

“2019中国国际智能产业博览会”于8月26日在重庆召开。国家主席习近平致贺信，对会议的召开表示热烈祝贺。习近平指出，当前，以互联网、大数据、人工智能等为代表的现代信息技术日新月异，新一轮科技革命和产业变革蓬勃推进，智能产业快速发展，对经济发展、社会进步、全球治理等方面产生重大而深远影响。习近平强调，中国高度重视智能产业发展，加快数字产业化、产业数字化，推动数字经济和实体经济的深度融合。中国愿同国际社会一道，共创智能时代，共享智能成果。

（出自《人民日报》2019 年 08 月 27 日 01 版）

抓创新就是抓发展，谋创新就是谋未来。目前，虽然我国经济总量跃居世界第二，但大而不强、臃肿虚胖体弱问题相当突出，主要体现在创新能力不强，科技发展水平总体不高，科技对经济社会发展的支撑能力不足，科技对经济增长的贡献率远低于发达国家水平，这是我国这个经济大个头的“阿喀琉斯之踵”。在新一轮科技革命和产业变革中，我国能否在未来发展中后来居上，弯道超车，主要就看能否在创新驱动发展上迈出实实在在的步伐。必须把创新作为引领发展的第一动力，把人才作为支撑发展的第一资源，把创新摆在国家发展全局的核心位置，把创新驱动发展战略作为国家重大战略，不断推进理论创新、制度创新、科技创新、文化创新等各方面创新，让创新贯穿党和国家一切工作，让创新在全社会蔚然成风。

三、做改革创新生力军

2016 年 5 月党中央颁布《国家创新驱动发展战略纲要》，明确提出了我国建设世界科技强国的“三步走”战略目标：

第一步，到 2020 年进入创新型国家行列，基本建成中国特色国家创新体系，有力支撑全面建成小康社会目标的实现。

第二步，到 2030 年跻身创新型国家行列，发展驱动力实现根本转换，经济社会发展水平和国际竞争力大幅提升，为建成经济强国和共同富裕社会奠定坚实基础。

第三步，到 2050 年建成世界科技创新强国，成为世界主要科学中心和创新高地，为我国建成富强民主文明和谐的社会主义现代化国家、实现中华民族伟大复兴的中国梦提供强大支撑。

创新驱动是发展形势所迫。我国经济发展进入新常态，传统发展动力不断减弱，粗放型增长方式难以为继。必须依靠创新驱动打造发展新引擎，培育新的经济增长点，持续提升我国经济发展的质量和效益，开辟我国发展的新空间，实现经济保持中高速增长和产业迈向中高端水平“双目标”。

1. 树立改革创新的自觉意识

首先，要增强改革创新的责任感。改革创新表现为一种不甘落后、奋勇争先、追求进步的责任感和使命感。在时代大潮中，有人选择安于现状，不思进取，随波逐流，有人则意气风发，力争上游，拼搏进取。这两种不同选择的根源，除了信心和勇气外，更在于是否具有为推动社会发展进步贡献力量的责任感和使命感。改革创新充满艰辛、奉献甚至牺牲，没有强烈的责任感和使命感，很难支撑人们克服和战胜改革创新过程中的艰难曲折。李大钊曾写下“铁肩担道义，妙手著文章”的警语，“铁肩、道义”讲的就是责任与使命。大学生要不断增强以改革创新推动社会进步，在改革创新中奉献服务社会、实现人生价值的崇高责任感和使命感，以时不我待、只争朝夕的紧迫感投身改革创新的实践中。

其次，树立敢于突破陈规的意识。陈规最易束缚人的思维和手脚，创新创造的过程往往充满艰辛。要创新，就要有强烈的创新意识，凡事都要有打破砂锅问到底的劲头，敢于质疑现有定论，勇于开拓新的方向，攻坚克难，追求卓越。敢于大胆探索尝试，善于观察发现，思考批判，不唯书，不唯上，只唯实，这是大学生在学习与实践中创新创造的重要前提。

最后，要树立大胆探索未知领域的信心。创新就是要走前人没有走过的路。要创新，就要有强烈的创新自信。如果总是跟踪模仿，既谈不上创新，也是没有出路的。未知领域可能是人类认识的盲区，也可能是人类实践的处女地。未知常常令人心生怯意，人们常常因充满未知的风险而停下探索和求新的脚步，但未知领域也往往蕴含着发现的沃土和创新的机遇。“路漫漫其修远兮”，最需要“上下而求索”的勇气。王安石在《游褒禅山记》中所言：“而世之奇伟、瑰怪，非常之观，常在于险远，而人之所罕至焉，故非有志者不能至也。”青年应是常为新、敢创造的，理当锐意创新创造，不等待，不观望，不懈怠，勇做改革创新的生力军。

案例：

用电高峰时如何削减电力负荷？国家电网有限公司（以下简称“国网公司”）青年创客让“虚拟发电”成为现实，一条条智能数据指令发出，在看不见的虚拟电厂里实现对楼宇的调峰用电。近日，国网公司第五届青年创新创意大赛决赛(以下简称“国网青创赛”)在苏州落幕，包括城市虚拟电厂在内的130个入围决赛项目现场发布，一个个闪耀着创意火花的“黑科技”，激起赛场内外青年的强烈共鸣。

此次国网青创赛首次面向社会公开征集优秀创新项目，以“泛在物联，质效提升，融通发展”为主题，吸引了公司系统内外相关创新团队8554个，参与人数近14万人，共征集项目1.2万余个，涉及专利6800个、论文3900篇、软件著作权820个，规模创历届青创赛之最。

“泛在物联”正成为当下能源变革新的风向标，国网各级团组织充分发挥组织和工作优势，通过国网青创赛，搭建“泛在物联”创新主战场，“从相马到赛马”，通过青创赛实战，让青年比拼创意，碰撞新思维，融合融通，一大批创新人才脱颖而出。

(出自《中国青年报》2019年08月28日01版)

2. 增强改革创新的能力本领

首先，要夯实创新基础。推行任何一项改革，作出任何一项创新，都是站在前人积累的专业知识基础之上的。改革创新之所以能够推陈出新，提出前人不曾提出的新思想，推出令世人敬仰叹服的新创造，一个重要的原因就在于改革创新者具有扎实的专业知识基础。缺乏深厚的专业知识积淀，盲目追求改革创新，往往容易流于不切实际的空想，或者是“无知者无畏”的蛮干。无视或轻视专业知识学习，不可能担负改革创新的重任。大学生作为改革创新的生力军，应从扎实系统的专业知识学习起步和人手，而不能好高骛远，空谈改革，坐论创新。

其次，要培养创新思维。创新思维与守旧思维的区别在于，守旧思维往往求同、模仿，创新思维则注重求异、批判而不甘落入俗套；守旧思维被动回答问题，创新思维善于发现问题；守旧思维往往机械、线性、封闭，创新思维则灵活而开放，发散而多维；守旧思维提出的观点人们往往因熟悉而易于接受，创新思维则常常因“异想天开”而被怀疑甚至嘲讽。大学生在专业学习与社会实践中应自觉培养创新型思维，勤于思考，善于发现，勇于创新。

最后，要投身创新实践。实践出真知，实践长才干。当代大学生既置身于全球新一轮科技革命和产业变革兴起的历史机遇期，又置身于我国迈向现代化强国的历史新征程，应当在全面深化改革的伟大实践中深深体悟改革创新精神，增强改革创新的意识，锤炼改革创新的意志，增强改革创新的能力本领，勇做改革创新的实践者和生力军。

青年往往朝气蓬勃、思维活跃，好奇心强、求知欲盛，敢于尝试新生事物，这些都是有利于创新创造的重要条件。纵观世界历史，许多重要创造，都是产生于创造者风华正茂、思维最敏捷的青年时期。可以说，青年身上蕴藏着巨大的创造能量和活力。大学生应当珍惜人生中最具创新创造活力的宝贵时期，有敢为人先、开拓进取的锐气，有逢山开路、遇水架桥的意志，在创新创造中不断积累经验，取得成果，演绎精彩。

本章测试题

一、单项选择题

1. 中华民族精神的核心是(　　)。

A. 勤劳勇敢　　B. 团结统一、爱好和平　　C. 自强不息　　D. 爱国主义

2. “慎独”是我国传统的道德修养方法。下列语句体现“慎独”要求的是(　　)。

A. 言者无罪，闻者足戒；有则改之，无则加勉。

B. 不积跬步，无以至千里；不积小流，无以成江海。

C. 三人行，必有我师焉，择其善者而从之，其不善者而改之。

D. 即使在个人独处、无人监督时，也坚守自己的道德信念，自觉按道德要求行事，不做任何不道德的事。

3. 实现中国梦，必须弘扬中国精神。这种精神是凝心聚力的兴国之魂、强国之魄。这就是以(　　)为核心的民族精神，以(　　)为核心的时代精神。

A. 改革创新、爱国主义　　B. 爱国主义、改革创新

C. 无私奉献、艰苦奋斗　　D. 改革开放、与时俱进

4. “一方水土养一方人”“禾苗离土即死，国家无土难存”，因此，作为中华儿女要(　　)。

A. 爱祖国的大好河山　　B. 爱自己的骨肉同胞

C. 爱祖国的灿烂文化　　D. 爱自己的国家

5. 常常被称为国家和民族的“胎记”的是(　　)。

A. 文化传统　　B. 爱国传统　　C. 思想传统　　D. 历史传统

6. 在当代中国，兴国强国就是要(　　)。

A. 抵御外侮　　B. 维护国家的根本利益

C. 实现中华民族伟大复兴的中国梦　　D. 推进祖国统一和民族团结

7. 中华民族精神源远流长，包含着丰富的内容，其中，夸父追日、大禹治水、愚公移

山、精卫填海等动人的传说，体现的是中华民族精神的(　　)。

A. 勤劳勇敢　B. 团结统一　C. 自强不息　D. 爱好和平

8. 社会主义核心价值体系的精髓是(　　)。

A. 马克思主义指导思想　B. 中国特色社会主义共同理想

C. 民族精神和时代精神　D. 社会主义荣辱观

9. 爱国主义与个人实现人生价值的关系(　　)。

A. 爱国主义阻碍个人实现人生价值

B. 爱国主义是个人实现人生价值的力量源泉

C. 爱国主义与个人实现人生价值无关

D. 爱国主义有时会帮助个人实现人生价值

10. 实现中华民族伟大复兴的动力是(　　)。

A. 强大国防　B. 强大外交　C. 爱国主义　D. 强大经济

11. 当前阶段，爱国主义主要表现在(　　)。

A. 保卫祖国，抵抗侵略　B. 继承中华传统美德

C. 建设和发展中国特色社会主义　D. 学习西方先进文化

12. 以下表述正确的是(　　)。

A. 为维护国家的主权和尊严，要坚决抵制经济全球化

B. 政治一体化和文化一体化在经济全球化过程中是必要的

C. 可以用一种政治制度、价值观念和意识形态来衡量世界

D. 在不同的历史条件下形成的爱国主义，具有不同的内涵和特点

13. 邓小平曾告诫我们："谈到人格，但不要忘记还有一个国格。"这里的国格说明，一个真正的爱国者要(　　)。

A. 承担起对国家应尽的义务　B. 促进民族团结

C. 树立民族自尊心和自豪感　D. 推进祖国统一

14. "国而忘家，公而忘私""先天下之忧而忧，后天下之乐而乐""天下兴亡，匹夫有责"等格言警句表达的中华民族的传统美德是(　　)。

A. 求真务实，敬重诚实守信　B. 爱国奉献，以天下为己任

C. 勤劳勇敢，追求自由解放　D. 乐群贵和，强调人际和谐

15. 不同的时代具有不同的时代精神。当今时代，我们大力弘扬的时代精神的核心是(　　)。

A. 爱国主义　　B. 勤劳勇敢　　C. 改革创新　　D. 自强不息

16. 新时期做坚定忠诚的爱国者，除了需要培育强烈的爱国情感，保持民族自尊和自信心，努力学习和工作，以实践行动和贡献履行爱国义务外，还需要(　　)。

A. 拒绝接受其他国家的一切东西

B. 维护民族团结，促进祖国统一

C. 全面接受中国古代的传统文化和道德

D. 从经济基础到上层建筑的一切领域都与西方接轨

17. 新的历史时期，大学生应该继续坚持爱国主义优良传统，努力做到(　　)。

A. 迎接机遇与挑战　　B. 为人民服务

C. 立报国之志、增建国之才、践爱国之行　　D. 增强国防观念

18. 古代先贤主张“仁者爱人”，强调“己所不欲，勿施于人”“己欲立而立人，己欲达而达人”这些都体现了中华民族传统美德中的(　　)。

A. 求真务实，敬重诚实守信　　B. 勤劳勇敢，追求自由解放

C. 乐群贵和，强调人际和谐　　D. 励志自强，崇尚精神境界

☞ 热点问答与解析

1. 如何认识全球化时代背景下的爱国主义？

当前，经济全球化趋势不断发展，我国于 2001 年 12 月 11 日加入 WTO(世界贸易组织)。但是，在今天和未来相当长的历史时期内，国家是民族整体利益代表者的地位不会改变。经济全球化是当今时代发展的重要趋势。它的发展使世界各国在经济上的联系日益紧密，同时影响到各国的政治和文化，对爱国主义也提出了挑战。大力弘扬爱国主义，必须以宽广的眼界观察世界，以积极而理性的姿态参与经济全球化进程，实施互利共赢的开放战略，促进国家更快更好地发展。要正确处理热爱祖国与关爱世界、为祖国服务与尽国际义务、维护世界和平与促进共同发展的关系。

在经济全球化趋势加快发展的情况下必须弘扬爱国主义，其主要依据有两点：

第一，在经济全球化趋势加快发展的情况下，国家仍然是本民族整体利益的最具权威的代表者。

经济全球化的一个特点是超越民族和国家的界限。在经济全球化中，商品的运动、资本的流动、跨国公司、大众文化等因素导致了对民族国家界限的超越。经济全球化进程中，某种程度上地球已经变成了“地球村”，各个国家、各个民族之间的交往越来越频繁，差别

越来越小，各国共同利益不断增加，国家与国家之间的共同利益增多。但是，民族国家依然是当今世界国际关系中最基本的行为主体，追求其国家利益仍然是其行为的出发点和根本任务。经济全球化不仅使竞争的范围扩大到全球领域，而且使竞争的激烈程度不断强化，也使各国之间各种利益冲突的可能性也增加。于是，要想在竞争中获得最大的利益，把损失减少到最低程度以维护国家的主权和尊严，各民族国家必然高举爱国主义的旗帜。我们要清醒地认识到：目前我们所处的时代仍然是全球化趋势与民族国家观念并存的时代。全球化没有导致民族国家时代消失。民族国家观念和意识的伦理价值趋向——爱国主义要给予高度重视，爱国主义永远是我们中华民族强大的凝聚力和永恒的主题。在今天的世界，哪个民族削弱了国家的地位和能力，哪个民族就将面临毁灭性的生存危机。这已被当代世界历史所证明。国家是维护本民族权益、抗衡大国控制和掠夺的最具实力的权威力量。

第二，在经济全球化趋势加快发展的情况下，国外敌对势力妄图西化和分化我国的战略并未改变。

经济全球化背景下，一方面，我们要学会融入到经济全球化的大环境中，只有这样，中国才能得到更好的发展；另一方面，我们也要认识到，经济全球化在给我国经济社会发展带来诸多良好机遇和有利条件的同时，对我国的经济安全乃至政治安全、文化安全、军事安全等也形成了一定程度上的挑战。西方发达国家利用经济、科技甚至军事等方面的优势，竭力输出他们的政治观、价值观、文化观和生活方式，力图主导经济全球化进程，把发展中国家纳入西方的发展模式和发展轨道。在这种情况下，更需要大力弘扬爱国主义，维护本国、本民族的利益。

第三，全球化背景下当代大学生的爱国主义，要树立三个观念。

（1）人有地域和信仰的不同，但报效祖国之心不应有差别。在经济全球化背景下，各国公民在世界范围内流动，但作为中华儿女，不管你身在哪里，也不管你的政治立场和你的信仰如何，都应当以自己的方式来报效祖国。

（2）科学没有国界，但科学家有祖国。科学是人类智慧的结晶，是属于全人类的财富，理应为全人类服务。无论是自然科学家还是社会科学家与祖国都有着难以割舍的关系和情感。科学的无国界性，无损于科学家与自己的祖国命运攸关的亲缘联系；科学的无国界性，不等于科学运用的无国界性。钱学森是功勋卓越的科学家，又是心系祖国母亲的赤子。新中国成立后，他抛弃国外优越的生活与工作条件，历尽千难万险，回归祖国的怀抱，投身到祖国的建设中。钱学森被评为“两弹一星”的功臣，受到国家的表彰。在荣誉面前，他是这样说的：“说是表彰我对中国火箭导弹技术、航天技术和系统工程论方面所做的一切工作。

我想这里面‘中国’两个字是最重要的。”当今世界综合国力的竞争，集中体现为科技的竞争和人才的竞争。自然科学家和社会科学家都对国家的繁荣富强担负着重大的责任。

（3）经济全球化过程中要始终维护国家的主权和尊严。在经济全球化背景下，西方某些国家打着经济全球化的旗子来推行他们的政治制度和价值观念，别有用心地伤害他国的主权和尊严。当今世界政治制度和价值观念呈现多元化的特点，企图用一种政治制度、价值观念和意识形态去同化他国，统一世界，是根本行不通的，只会危害到世界的和平和发展。对此，我们一定要保持清醒的认识，一方面我们要利用全球化带给我们的机遇，加快社会主义现代化的建设步伐，另一方面我们要始终维护国家的主权和尊严。

当一个人的精神真正为爱国主义精神所武装，就会具有一种取之不尽、用之不竭的力量源泉。这都是爱国主义精神的力量。在新的历史条件下，致力于中华民族的伟大复兴，必须在爱国主义的旗帜下，建立最广泛的爱国战线，集中整个民族的智慧来谋求国家的发展和民族的振兴。

2. 为什么要提倡理性爱国？

理性爱国是在人们的理性思维指导下，通过对爱国主义情感而作出的实践行为。爱国需要激情，更需要理性。理性爱国与非理性爱国都是站在爱国主义的立场上，基于一种对国家和民族的认同感。其区别在于：理性的爱国行为，是面对国家核心利益，面对当前国际国内的复杂环境，面对我们前进道路上可以预见和难以预见的各种各样的矛盾和问题有清醒或比较清醒的认识，有强烈的责任感和使命感，能够对自己的爱国行为作出理智判断，以保证自己的行为动机与效果相一致，爱国行为有利于自身和国家的发展。而非理性的爱国行为，往往只建立在个人的冲动和激情上，在行为上多表现为偏激、盲目、浮躁和不顾效果，甚至于产生打砸抢烧，扰乱公共秩序，行为失控，事与愿违，从而不利于自身和国家的发展。

狭隘的民族主义是一种极端的民族主义情绪，有时会产生一些极端的报复行为。以美国为首的西方势力以“人权”为幌子肆意干涉中国内政，而且夸大宣传“中国威胁论”，蓄意掀起民族仇恨。特别是近几年发生的美国在我国黄海附近多次举行军事演习、日本政府购买钓鱼岛、菲律宾在我国南海的挑衅等事件激发了部分中国人心中的爱国主义情绪。但这种爱国主义却表现出一定的狭隘民族主义情绪，这表现在各地的抵制“日货”和抗议“购岛”游行示威中。部分大学生和社会青年在未经批准的游行示威中，出现了打砸日本品牌的店铺、汽车等过激行为，严重扰乱正常社会秩序，同时也造成了不良的国际影响，给日本右翼势力以煽动攻击中国的口实。这种非理性的爱国主义、狭隘的民族主义，令人担忧，必须警惕。

理性爱国还要反对"三股势力"，加强各民族大团结。近年来，境内外民族分裂、宗教极端和暴力恐怖"三股势力"或独立或合流，不断加紧渗透和破坏，丧心病狂地制造了一系列严重暴力恐怖案件，对各族群众生命财产安全造成巨大损失，严重危害了社会的和谐稳定。"三股势力"的根子是民族分裂主义，思想基础是宗教极端主义，活动方式是暴力恐怖活动，根本目的是制造民族对立，分化中国。我们必须始终保持清醒头脑，理性应对，不要上当受骗。民族分裂分子不代表一个民族，暴力恐怖分子是各民族人民共同的敌人，理性爱国就要高举各民族大团结的旗帜，坚决抵御民族分裂主义和宗教极端思想渗透，坚决反对和打击暴力恐怖活动，确保社会政治稳定大局。

理性爱国的内涵是丰富的。一是理性爱国要善于学习，博采众长。在由发达国家主导的经济全球化进程中，我们既要防止出现崇洋媚外的民族虚无主义，又要防止出现盲目排外的狭隘民族主义；既要防止遭受侵略历史的悲剧重演，又要具有开放的胸怀，勇于学习和善于学习别国的长处，取长补短，发展自己。二是要做到包容和自信。既要看到国家发展所取得的辉煌成就，也要看到我们还存在的问题和困难。对内，要同舟共济、同甘共苦；对外，要有容忍和接受批评的宽宏气度。三是要坚持中国立场，具有全球意识。要顺应和平、发展、合作的世界潮流，培养和树立全球意识，具有与不同国家、不同民族间的相互依存与合作意识，对不同文化、不同价值观的尊重与宽容态度，以及在人类活动中的参与合作精神。在维护国家核心利益的前提下，勇担对人类共同而有区别的责任，维护世界和平，促进共同发展，实现互利共赢。

理性爱国不是无声爱国，也要适度适时发声。一是大学生可以通过网络表达心声，让有关国家听到中国民间的爱国言论，了解中国民间的态度。二是政府可以加强和大学生的沟通交流，使政府听到大学生的意见或建议，使大学生理解政府的外交方针政策，达成共识，统筹兼顾，相互策应，共同应对复杂问题。三是通过适时适度的集会或游行方式表达爱国。例如，东海和南海等问题是躲不开、绕不过的领土主权之争，涉及国家核心利益，我们应当积极研究，破除狭隘的稳定意识，要用理性的心态对待可能出现的、被压抑而变得"非理性"的大学生爱国举动。在特定情况下，通过批准适度规模、适当路线的示威抗议游行活动，让大学生释放爱国激情，表达对政府的支持，向有关国家和世界显示中国人民的立场和力量，也是很有必要的。

爱国是硬道理，理性爱国更给力，理性爱国是靠教育形成的。既要避免爱国行为的非理性和过激化，也要防止爱国热情的无形化和不表达。理性爱国来源于我们对国情的深刻认识。当前我国发展的阶段性特征，是社会主义初级阶段基本国情在新世纪新阶段的具体表现。强调认清社会主义初级阶段基本国情，不是要妄自菲薄、自甘落后，也不是要脱离实际、急于求成，而是要坚持把它作为推进改革、谋划发展的根本依据。

☞ 教学参考资料与延伸阅读

[1] 楼宇烈. 中国文化的根本精神[M]. 北京：中华书局，2017.

[2] 方立. 中华民族的脊梁[M]. 昆明：晨光出版社，2004.

[3] 中共中央文献研究室. 习近平关于实现中华民族伟大复兴的中国梦论述摘编[M]. 北京：中央文献出版社，2013.

第四章 践行社会主义核心价值观

☞ 教学目的与要求

通过本章内容的学习，学生能够了解社会主义核心价值观提出的背景及基本内容，掌握社会主义核心价值观和社会主义核心价值体系的关系，明白培育和践行社会主义核心价值观的重大意义。学生能够深刻领会社会主义核心价值观的历史底蕴、现实基础和道德力量。学生能够明确正确的价值取向，自觉培育和践行社会主义核心价值观，扣好人生第一粒扣子，切实做到勤学、修德、明辨、笃实，成为社会主义核心价值观的坚定信仰者、积极传播者、模范践行者。

☞ 教学重点与难点

1. 社会主义核心价值观的基本内容。
2. 社会主义价值观和社会主义核心价值体系的关系。
3. 培育和践行社会主义核心价值观的重大意义。

☞ 学时安排

4 课时

☞ 教学内容

第一节 全体人民共同的价值追求

课程导入:什么是价值观?

我们生而为中国人，最根本的是我们有中国人的独特精神世界，有百姓日用而不觉的价值观。

——习近平

作为中国人，你有什么样的价值观？你觉得价值观有什么用？

价值观是我们的终极行为指南。

或许我们并未意识到，但我们终归都是按照自己的价值观行事的。它不仅仅是行为的准则，也是我们所有精力的来源。

生活本身的意义就在于——它一直是我们可以用于表达自我核心价值观的一个途径。

——洛尔：《精力管理》

价值观是价值主体也就是作为现实存在的人，在对满足自身一定需要的价值客体的深入考察和系统分析的基础上，形成的关于价值关系的系统性评价和科学性认识。

课堂讨论：

有人说，价值观，是人与人之间最大的距离。还有人说，价值观其实就是：我愿意花三十多块钱买一杯星巴克，你愿意花三十多块钱撸串儿；我愿意在CBD工作，你愿意在离家近的地方工作；我愿意在城里买房，你愿意在郊区买房；我喜欢出去旅游，你喜欢宅在家里。

如果确实如此，我们需要有共同的价值追求吗？

分析：改革开放以来，人们的价值观念开始从单一变成多元，并且产生了尖锐的价值观冲突和矛盾。伴随经济全球化的进程，包装在文化产品中的西方价值观在中国得到强势传播，造成中西方文化和价值观念的冲突和矛盾。当今中国，传统和现代、先进与落后、本土与外来相互交织，给人们的价值观念带来空前冲击。

如果一个民族、一个国家没有共同的核心价值观，莫衷一是，行无依归，那这个民族、这个国家就无法前进。

我国是一个有着13亿多人口、56个民族的大国，确立反映全国各族人民共同认同的价值观“最大公约数”，使全体人民同心同德、团结奋进，关乎国家前途命运，关乎人民幸福安康。

（出自《习近平：青年要自觉践行社会主义核心价值观》）

一、社会主义核心价值观的基本内容

人类社会发展的历史表明，对一个民族，一个国家来说，最持久、最深层次的力量是全社会共同认同的价值追求。

——习近平

核心价值观是一个社会中居统治地位、起支配作用的核心理念，也是一个社会必须长期普遍遵循的基本价值准则，具有相对稳定的特点。社会主义价值观是对社会主义价值的总的看法和最根本观点。

社会主义核心价值观，是指那些在社会主义价值体系中居统治地位、起指导作用、从最深层次科学回答“什么是社会主义”或社会主义本质属性这一根本问题、在马克思主义理论体系中占据核心地位的价值理念。

核心价值观是一定社会形态社会性质的集中体现，在一个社会的思想观念体系中处于主导地位，体现着社会制度、社会运行的基本原则和社会发展的基本方向。

党的十八大提出，要倡导富强、民主、文明、和谐，倡导自由、平等、公正、法治，倡导爱国、敬业、诚信、友善，积极培育和践行社会主义核心价值观。这与中国特色社会主义发展要求相契合，与中华优秀传统文化和人类文明优秀成果相承接，是中国共产党凝聚全党全社会价值共识作出的重要论断。社会主义核心价值观的提出，鲜明地确立了当代中国的核心价值理念，生动地展现了中国共产党和中华民族高度的价值自信与价值自觉。

社会主义核心价值观和社会主义核心价值体系，两者是紧密联系、互为依存、相辅相成的。社会主义核心价值观是社会主义核心价值体系的精神内核，它体现了社会主义核心价值体系的根本性质和基本特征，反映了社会主义核心价值体系的丰富内涵和实践要求，是社会主义核心价值体系的高度凝练和集中表达。

二、当代中国发展进步的精神指引

1. 坚持和发展中国特色社会主义的价值遵循

在全社会大力弘扬社会主义核心价值观，明确中国特色社会主义事业到底追求什么、反对什么，要朝着什么方向走、不能朝什么方向走，坚守我们的价值观立场，坚定中国特色社会主义的道路自信、理论自信、制度自信和文化自信，为社会的有序运行、良性发展提供明确价值准则，保证中国特色社会主义事业始终沿着正确方向前进，是中国特色社会主义的铸魂工程。十九大报告指出中国特色社会主义进入新时代，中华民族迎来了从站起来、富起来到强起来的伟大飞跃。

2. 提高国家文化软实力的迫切要求

“核心价值观是文化软实力的灵魂、文化软实力建设的重点。这是决定文化性质和方向的最深层次要素。”当今世界，文化越来越成为综合国力竞争的重要因素，成为经济社会发展的重要支撑，文化软实力越来越成为争夺发展制高点、道义制高点的关键所在。文化的力量，归根到底来自于凝结其中的核心价值观的影响力和感召力。文化软实力的竞争，本质上是不同文化所代表的核心价值观的竞争。

案例：

英国首相丘吉尔曾说：我宁愿失去一个印度，也不肯失去一个莎士比亚。在成为大国的过程中，戏剧家莎士比亚的作品提升了英国的人文精神，科学家牛顿的力学定律开启了英国工业革命的大门，经济学家亚当·斯密的《国富论》为英国提供了一个新的经济秩序。

在法兰西思想与精神的圣地先贤祠，正门上铭刻着这样一句话：“献给伟人，祖国感谢他们。”这里安葬了72位法国历史人物，大多是思想家、作家、艺术家和科学家。多少年来，法兰西共和国一直以其卓尔不群的文化影响力，向世界发出自己的声音，其根源也许就在于此。

（节选自纪录片《大国崛起》）

3. 增进社会团结和谐的最大公约数

当前，我国正处在经济转轨和社会转型的加速期，思想领域日趋多元、多样、多变，各种思潮此起彼伏，各种观念交相杂陈，不同价值取向并存，所有这些表现出来的是具体利益、观念观点之争，但折射出来的是价值观的分歧。培育和践行社会主义核心价值观，是有效整合我国社会意识、凝聚社会价值共识、解决和化解社会矛盾、聚合磅礴之力的重大举措。

历史和现实一再表明，只有建立共同的价值目标，一个国家和民族才会有赖以维系的精神纽带，才会有统一的意志和行动，才会有强大的凝聚力、向心力。

第二节 坚定价值观自信

课程导入：

一个民族、一个国家，必须知道自己是谁，是从哪里来的，要到哪里去，想明白了、想对了，就要坚定不移朝着目标前进。

——习近平

站立在960万平方公里的广袤土地上，吸吮着中华民族漫长奋斗积累的文化养分，拥有13亿中国人民聚合的磅礴之力，我们走自己的路，具有无比广阔的舞台，具有无比深厚的历史底蕴，具有无比强大的前进定力。中国人民应该有这个信心，每一个中国人都应该有这个信心。

——习近平

课堂提问：我们的核心价值观自信从何而来？

一、社会主义核心价值观的历史底蕴

1. 中华优秀传统文化是涵养社会主义核心价值观的重要源泉，是中华民族的精神命脉

中华文明绵延数千年，有其独特的价值体系。中华优秀传统文化已经成为中华民族的基因，植根在中国人内心，潜移默化影响着中国人的思想方式和行为方式。今天，我们提倡和弘扬社会主义核心价值观，必须从中汲取丰富营养，否则就不会有生命力和影响力。比如，中华文化强调“民为邦本”“天人合一”“和而不同”，强调“天行健，君子以自强不息”“大道之行也，天下为公”；强调“天下兴亡，匹夫有责”，主张以德治国、以文化人；强调“君子喻于义”“君子坦荡荡”“君子义以为质”；强调“言必信，行必果”“人而无信，不知其可也”；强调“德不孤，必有邻”“仁者爱人”“与人为善”“己所不欲，勿施于人”“出入相友，守望相助”“老吾老以及人之老，幼吾幼以及人之幼”“扶贫济困”“不患寡而患不均”等。像这样的思想和理念，不论过去还是现在，都有其鲜明的民族特色，都有其永不褪色的时代价值。这些思想和理念，既随着时间推移和时代变迁而不断与时俱进，又有其自身的连续性和稳定性。我们生而为中国人，最根本的是我们有中国人的独特精神世界，有百姓日用而不觉的价值观。我们提倡的社会主义核心价值观，就充分体现了对中华优秀传统文化的传承和升华。

在世界几大古代文明中，中华文明之所以能够没有中断并延续发展至今，一个重要原因就是中华民族有一脉相承的精神追求、精神特质、精神脉络。

深入挖掘和阐发中华优秀传统文化讲仁爱、重民本、守诚信、崇正义、尚和合、求大同的时代价值，使中华优秀传统文化成为涵养社会主义核心价值观的重要源泉。

2. 培育和弘扬社会主义核心价值观，必须立足中华优秀传统文化

牢固的核心价值观，都有其固有的根本。抛弃传统、丢掉根本，就等于割断了自己的精神命脉。博大精深的中华优秀传统文化是我们在世界文化激荡中站稳脚跟的根基。中华文化源远流长，积淀着中华民族最深层的精神追求，代表着中华民族独特的精神标识，为中华民族生生不息、发展壮大提供了丰厚滋养。中华传统美德是中华文化精髓，蕴含着丰富的思想道德资源。不忘本来才能开辟未来，善于继承才能更好创新。对历史文化特别是先人传承下来的价值理念和道德规范，要坚持古为今用、推陈出新，有鉴别地加以对待，有扬弃地予以继承，努力用中华民族创造的一切精神财富来以文化人、以文育人。

（出自《人民日报》2014 年 02 月 26 日 01 版）

历史是从昨天走到今天再走向明天。推动中华优秀传统文化创造性转化和创新性发展，激活其生命力，增强其影响力和感召力，把跨越时空、超越国度、富有永恒魅力、具有当代价值的文化精神弘扬起来，把继承优秀传统文化又弘扬时代精神、立足本国又面向世界的当代中国文化创新成果传播出去。

二、社会主义核心价值观的现实基础

首先，社会主义核心价值观生成于中国特色社会主义伟大实践。

习近平指出：“一个民族、一个国家的核心价值观必须同这个民族、这个国家的历史文化相契合，同这个民族、这个国家的人民正在进行的奋斗相结合，同这个民族、这个国家需要解决的时代问题相适应。”中国特色社会主义建设是社会主义核心价值观的实践根据。价值观是人类在认识、改造自然和社会的过程中产生与发挥作用的。不同民族、不同国家由于其自然条件和发展历程不同，产生和形成的核心价值观也各有特点。

其次，中国特色社会主义伟大实践彰显价值观自信。

中国特色社会主义建设以无可辩驳的事实生动展示着社会主义核心价值观的生机活

力。改革开放以来，我们坚持走中国特色社会主义道路，在复杂的国内外形势下，抓住和用好了我国发展的战略机遇期，我国的综合国力、人民的生活水平、国际竞争力和国际影响力都迈上了新台阶，彰显了中国特色社会主义的巨大优越性和强大生命力。

道路自信、制度自信、理论自信——核心价值观自信。中国特色社会主义建设以无可辩驳的事实生动展示着社会主义核心价值观的生机活力。中国特色社会主义建设的成功经验，是对社会主义核心价值观的正确性、可信性的检验。中国特色社会主义的新推进，将进一步使社会主义核心价值观彰显出强大的生命力、吸引力和感召力。

三、社会主义核心价值观的道义力量

真理的力量加上道义的力量，才能行之久远。社会主义核心价值观以其先进性、人民性和真实性而居于人类社会的价值制高点，具有强大的道义力量。

首先，社会主义核心价值观的先进性，体现在它是社会主义制度所坚持和追求的核心价值理念。社会主义制度建立在生产资料公有制的基础之上，消灭了剥削制度，劳动人民成为国家的真正主人，是人类社会迄今为止最先进的社会制度。

其次，社会主义核心价值观的人民性体现在它所代表的最广大人民的根本利益，反映的最广大人民的价值诉求，引导着最广大人民为实现美好社会理想而奋斗。马克思主义最根本的政治立场，就是始终站在广大劳动人民的立场上，以广大劳动人民的解放为旨归，竭尽全力为人民求福利、谋利益。

最后，社会主义核心价值观的道义力量还源于它的真实性。“名非天造，必从其实。”在人类社会发展进程中，许多统治阶级都曾提出了不少看上去非常美好的价值理念，其中有些在历史上也发挥了很大的积极作用，但由于其阶级和历史局限性，这些美好的价值理念并未能彻底地、真正地实现。

第三节 做社会主义核心价值观的积极践行者

课程导入：

以青春之我，创建青春之家庭，青春之国家，青春之民族，青春之人类，青春之地球，青春之宇宙。

——李大钊

青年的价值取向决定了未来整个社会的价值取向，而青年又处在价值观形成和确立的时期，抓好这一时期的价值观养成十分重要。正如习近平指出："这就像穿衣服扣扣子一样，如果第一粒扣子扣错了，剩余的扣子都会扣错。人生的扣子从一开始就要扣好。"

一、扣好人生的扣子

大学生在高校生活，少则三到四年，多则九到十年，正处在人生成长的关键时期，知识体系搭建尚未完成，价值观塑造尚未成型，情感心理尚未成熟，需要加以正确引导。这好比小麦的灌浆期，这个时候阳光水分跟不上，就会耽误一季的庄稼。

大学生成长成才和全面发展，离不开正确价值观的引领。当今世界和当代中国都处于大变革之中。这种变革反映到人们的思想观念中，自然会产生多种多样的思想理论和价值理念。

核心价值观的养成绝非一日之功。大学生要坚持由易到难、由近及远，从现在做起，从自己做起，努力把核心价值观的要求变成日常的行为准则，形成自觉奉行的信念理念，并身体力行大力将其推广到全社会去，为实现国家富强、民族振兴、人民幸福的中国梦凝聚强大的青春能量。

二、勤学修德明辨笃实

1. 勤学

宋·朱熹《朱子语类·论语》："它而今是勤学好问，便谥之以文。"意思是勤奋学习，比喻善于学习。下得苦功夫，求得真学问。知识是树立核心价值观的重要基础。古希腊哲学家说，知识即美德。我国古人说："非学无以广才，非志无以成学"。大学的青春时光，人生只有一次，应该好好珍惜。为学之要贵在勤奋、贵在钻研、贵在有恒。鲁迅先生说过："哪里有天才，我是把别人喝咖啡的工夫都用在工作上的。"大学阶段，"恰同学少年，风华正茂"，有老师指点，有同学切磋，有浩瀚的书籍引路，可以心无旁骛求知问学。此时不努力，更待何时？要勤于学习、敏于求知，注重把所学知识内化于心，形成自己的见解，既要专攻博览，又要关心国家、关心人民、关心世界，学会担当社会责任。

勤学，是要解决"为什么学，学什么，怎么学"的问题。如何读书？读什么书？首先要认真学习马克思主义理论，因为它是社会主义核心价值观的"魂"，原原本本学习和研读经典著作，读马列将会进一步净化我们的心灵，进一步坚定我们的信仰。其次要学习中国优秀的传统文化，因为它是社会主义核心价值观的“根”，学习优秀的传统文化既有利于增强对核心价值观的认同感，又能助于培养青年学生的人文精神，更是增强学生思想工作渗透力的有效途径。勤学格物，让学习成为一种人生习惯。我们这代青年人正处在变革发展的关键时期，但在浩瀚的知识海洋和快节奏的时代变化面前，我们有限的知识积累总是相形见绌。青年阶段是人生系统学习的重要时期，这就需要我们在青年时期掌握好的学习方法，养成好的学习习惯，处理好“博”和“专”的关系。博而知其广，专而求其至，这样才能对知识的积累、对事物的表象穷其理、求其质、融其道。用积累夯实基础，用传统融汇前沿，用思想触碰现实，让勤学格物成为我们这一代人的生活方式和人生习惯。

2. 修德

案例：

一位哲学家带着他的弟子坐在郊外的一片旷野里。哲学家问身边的弟子该如何除去周围长满的杂草。弟子们十分惊愕，没有想到一直探讨人生奥妙的哲学家，最后一课竟会问这么简单的问题。于是，他们给出了各种答案，有的说用铲子就够了，有的说用火烧，有的建议在草上撒上石灰，还有的说要斩草除根，只要把根挖出来就行了。哲学家听完后，站起身说：“课就上到这里，你们回去后，用各自的方法除去一片杂草，没除掉的，一年后，再来除草。”一年后，他们都来了，不过原来相聚的地方已不再是杂草丛生，而是变成了一片长满谷子的庄稼地。弟子们围着谷子地坐下，等着哲学家的到来，可是哲学家始终没有来。几十年后，哲学家去世，弟子们在整理他的言论时，私自在书的最后补了一章：要想除掉旷野里的杂草，方法只有一种，那就是在上面种庄稼。同样，要想让灵魂无纷扰，唯一的方法就是用美德去占据它。

（出自赵红《湖南教育》2018 年 05 期）

《左传・庄公八年》：“《夏书》曰：‘皋陶迈种德，德，乃降。’姑务修德，以待时乎！”北齐颜之推《颜氏家训・归心》：“僕妾臣民，与身竟何亲也，而为勤苦修德乎？亦是尧、舜、周、孔虚失愉乐耳。”明叶盛《水东日记・杨文贞公遗嘱》：“盖要利达，须力学修德，不在风水也。”

加强道德修养，注重道德实践。“德者，本也。”蔡元培先生说过：“若无德，则虽体魄智力发达，适足助其为恶。”道德之于个人、之于社会，都具有基础性意义，做人做事第一位的是崇德修身。这就是我们的用人标准为什么是德才兼备、以德为先，因为德是首要、是方向，一个人只有明大德、守公德、严私德，其才方能用得其所。修德，既要立意高远，又要立足平实。要立志报效祖国、服务人民，这是大德，养大德者方可成大业。同时，还得从做好小事、管好小节开始起步，“见善则迁，有过则改”，踏踏实实修好公德、私德，学会劳动，学会勤俭，学会感恩，学会助人，学会谦让，学会宽容，学会自省，学会自律。

修德，就是要解决“什么是德，为什么修德，怎样修德”的问题。德，本也，修德，也即修为。美德是道德的核心，美德更是社会主义核心价值观的营养，是“基石”。那么如何讲道德、尊道德、守道德？应注意从以下三个方面进行修炼和提升。首先是慎始，“慎始”一词出自《左传》，意为万事开头难，好的开始是成功的一半。我们在引导青年共圆伟大中国梦的当下，不仅要站在理想信念这个制高点上，依靠思想上、精神上的吸引力和凝聚力，汇聚内在的强大的持久的动力。还要努力帮助广大青年树立远大理想，用科学的理论武装青年，用历史的眼光启示青年，用伟大的目标感召青年，用光明的未来激励青年，使其不断增强实现人生梦想的自信。其次是“慎独”，出自《礼记·中庸》。“慎独”不仅是个人进行道德修养的方法，也是评定一个人道德水准的关键，更是一种情操、修养和自律。思想政治工作中身教重于言教，打铁还须自身硬，我们只有硬在作风上，硬在素质上，广大的青年才会前赴后继地紧跟我们的组织，贡献自己的青春和活力。最后是“慎微”，出自《资治通鉴》，意为认真重视和正确处置细小的事情。我们不仅要正确识小，还要勤于善小。在自身修养上，大节和小节其本质都是一样的。

3. 明辨

出处：《礼记·中庸》：“慎思之，明辨之，笃行之。”《礼记·曲礼上》：“失祀者，所以定亲疏，决嫌疑，别同异，明是非也。”善于明辨是非，善于决断选择。“学而不思则罔，思而不学则殆。”是非明，方向清，路子正，人们付出的辛劳才能结出果实。面对世界的深刻复杂变化，面对信息时代各种思潮的相互激荡，面对纷繁多变、鱼龙混杂、泥沙俱下的社会现象，面对学业、情感、职业选择等多方面的考虑，一时有些疑惑、彷徨、失落，是正常的人生经历。关键是要学会思考、善于分析、正确抉择，做到稳重自恃、从容自信、坚定自励。要树立正确的世界观、人生观、价值观，掌握了这把总钥匙，再来看看社会万象、人生历程，一切是非、正误、主次，一切真假、善恶、美丑，自然就洞若观火、清澈明了，自然就能作出正确判断、作出正确选择。正所谓“千淘万漉虽辛苦，吹尽狂沙始到金”。

明辨，解决的是“什么是善恶，怎样辨别善恶，而又怎样扬善除恶”的问题。在纷繁复杂的社会现象面前，我们如何能指导学生正确地辨真假、厘善恶、分美丑。首先要树立正确的人生观价值观和世界观，要有坚定的理想信念，正如习总书记讲的，理想信念是共产党人的“钙”，这种信念，也是我们青年学生能激浊扬清的“底气”；其次要学会思考，善于分析，自动自发，要有“从善如登”的勇气。最后是弘扬正气，坚决作正能量的传者，当正能量持久稳定地制造、储备并有效地使用起来，就能驱散负能量的黑暗，使我们的人生不断走向精彩。

经济转轨、社会转型、观念转变，一方面激发出前所未有的活力，另一方面也释放出各种“噪声”“杂音”，难免让人无所适从。尤其是面对发达西方国家，处于初级阶段的社会主义难免让人产生“我不如人”的感叹。因此，身处“乱花渐欲迷人眼”的年代，学会在大是大非面前站稳立场就显得十分重要，拥有必要的思想定力、工作定力和生活定力就显得十分可贵。我们必须强化对中国特色社会主义道路、理论和制度的自信，坚定走“人间正道”。我们必须坚信人心向善向上的力量，不断汲取和弘扬真善美等“正能量”，始终远离和拒斥假恶丑等“负能量”。我们必须坚信，只有为祖国和人民作出应有的贡献，人生才能变得真正的富有和辉煌，才能在跌宕起伏中坚持正确的航向而不迷惘。

4. 笃实

案例：

在美国一个市场里，有个中国妇人的摊位生意特别好，引起其他摊贩的嫉妒，大家常有意无意地把垃圾扫到她的店门口。这个中国妇人只是宽厚地笑笑，不予计较，反而把垃圾都清扫到自己的角落。旁边卖菜的墨西哥妇人观察了她好几天，忍不住问道：“大家都把垃圾扫到你这里来，你为什么不生气?”中国妇人笑着说：“在我们国家，过年的时候，都会把垃圾往家里扫，垃圾越多就代表会赚很多的钱。现在每天都有人送钱到我这里，我怎么舍得拒绝呢？你看我的生意不是越来越好吗?”从此以后，那些垃圾就不再出现了。这个中国妇人化诅咒为祝福的智慧确实令人惊叹，然而更令人敬佩的却是她那与人为善的宽容的美德。她用智慧宽恕了别人，也为自己创造了一个融洽的人际环境。俗话说：和气生财，自然她的生意越做越好。如果她不采取这种方式，而是针锋相对，又会怎样呢？结果可想而知。

（出自《文苑·经典美文》2015 年第 12 期）

笃实，指忠诚老实；实在。语出《易·大畜》：“大畜刚健，笃实辉光，日新其德。扎扎实实干事，踏踏实实做人。道不可坐论，德不能空谈。于实处用力，从知行合一上下功夫，核心价值观才能内化为人们的精神追求，外化为人们的自觉行动。《礼记》中说："博学之，审问之，慎思之，明辨之，笃行之。"有人说："圣人是肯做工夫的庸人，庸人是不肯做工夫的圣人。"青年有着大好机遇，关键是要迈稳步子、夯实根基、久久为功。心浮气躁，朝三暮四，学一门丢一门，干一行弃一行，无论为学还是创业，都是最忌讳的。"天下难事，必作于易；天下大事，必作于细。"成功的背后，永远是艰辛努力。青年要把艰苦环境作为磨炼自己的机遇，把小事当作大事干，一步一个脚印往前走。滴水可以穿石。只要坚韧不拔、百折不挠，成功就一定在前方等你。

笃实，解决的是"用什么样的态度做事、做人"的问题，习惯是一种长期形成的思维方式、处世态度，习惯的养成有一定的规律，习惯一定是从强制开始，从而养成，进而成为兴趣，最后成为习惯，这也就是内化于心，外化于行的步骤。如何在"求实、务实、落实"上下功夫，一是要"严以修身"，增强"千磨万击还坚劲"的定力，以优良的政治品德、职业道德、社会公德和家庭美德树形象、赢口碑。二是要"严以用权"，心怀"举头三尺有神明"的敬畏，真正做到心中有法、虑必及法、言必合法、行必依法。三是要"严于律己"，养成"吾日三省吾身"的习惯，做到清醒、简约、守线。四是"谋事要实"，秉持"脚踏实地无偏颇"的态度，不唯书、不唯上、只唯实。五是"创业要实"，树立"知其难而为之"的担当，勇于负责，勤奋干事。六是"做人要实"，要有胸怀"留得清白在人间"的坦荡，把立身、立业、立言和立德统一起来。

中国正站在全面深化改革的新起点上。建设社会主义现代化强国，实现中华民族伟大复兴的中国梦，为社会各阶层、有识之士和奋发进取的人们都提供了前所未有的广阔舞台。在这样的舞台上，所有人共同享有人生出彩的机会，共同享有梦想成真的机会，共同享有同祖国和时代一起成长和进步的机会。

人生奋斗需要社会主义核心价值观的指导和统领，社会主义核心价值观需要每个人的上进和奋斗。培育和践行社会主义核心价值观，要求我们每个人既要目标高远、意境深远，保持定力、不懈奋进，又要立足岗位、脚踏实地，严于律己、精益求精，将复杂的事情做得简单，将简单的事情做得不简单，在平凡的岗位上干出非凡业绩，将社会主义核心价值观作为人生的价值准则，勤学以增智、修德以立身、明辨以静心、笃实以为功，真正铸就人生发展的新航标。

本章测试题

一、单项选择题

1.（　　）是一定社会形态社会性质的集中体现，在一个社会的思想观念体系中处于主导地位，体现着社会制度、社会运行的基本原则和社会发展的基本方向。

A. 人生观　　B. 法治素质　　C. 核心价值观　　D. 思想道德素质

2. 社会主义核心价值观中，体现社会层面价值要求的是（　　）。

A. 富强、民主、文明、和谐　　B. 自由、平等、公正、法治

C. 爱国、敬业、诚信、友善　　D. 社会主义荣辱观

3. 社会主义核心价值观中，哪些内容体现的是国家层面的价值要求（　　）。

A. 富强、民主、文明、和谐　　B. 自由、平等、公正、法治

C. 爱国、敬业、诚信、友善　　D. 社会主义荣辱观

4. 社会主义核心价值观中，哪些内容体现的是公民层面的价值要求（　　）。

A. 富强、民主、文明、和谐　　B. 自由、平等、公正、法治

C. 爱国、敬业、诚信、友善　　D. 社会主义荣辱观

5. 党的（　　）提出，要倡导富强、民主、文明、和谐，倡导自由、平等、公正、法治，倡导爱国、敬业、诚信、友善，积极培育和践行社会主义核心价值观。

A. 十七大　　B. 十八大　　C. 十九大　　D. 二十大

二、判断题

1. 社会主义核心价值观是社会主义核心价值体系的精神内核，它体现了社会主义核心价值体系的根本性质和基本特征，反映了社会主义核心价值体系的丰富内涵和实践要求，是社会主义核心价值体系的高度凝练和集中表达。（　　）

2. 当今世界，文化软实力越来越成为争夺发展制高点、道义制高点的关键所在。而核心价值观是文化软实力的灵魂、文化软实力建设的重点。（　　）

3. 富强、民主、文明、和谐，反映了人们对美好社会的期望和憧憬，是衡量现代社会是否充满活力又和谐有序的重要标志。这一价值追求回答了我们要建设什么样的社会的重大问题。（　　）

4. 自由、平等、公正、法治，这一价值追求回答了我们要培育什么样的公民的重大问题，涵盖了社会公德、职业道德、家庭美德、个人品德等各个方面，是每一个公民都应当遵

守的道德规范。（　　）

5. 文化的力量，归根到底来自于凝结其中的核心价值观的影响力和感召力；文化软实力的竞争，本质上是不同文化所代表的核心价值观的竞争。（　　）

☞ 教学参考资料与延伸阅读

[1] 李德顺. 价值论[M]. 北京：中国人民大学出版社，2007.

[2] 孙伟平. 价值哲学方法论[M]. 北京：中国社会科学出版社，2008.

[3] 周中之，石书臣. 社会主义核心价值体系教育探索[M]. 上海：上海人民出版社，2007.

[4] 戴木才. 中国特色核心价值观的传统现实与前景[M]. 桂林：广西人民出版社，2011.

第五章　明大德守公德严私德

教学目的与要求

通过教学，使学生明确道德的概念和本质；掌握马克思主义道德观；了解道德的认识功能、调节功能、规范功能；熟悉道德的发展规律，深刻理解其涵义。使学生领悟中华传统美德的基本精神；明白如何实现中华传统美德的创造性转化和创新性发展；反对错误思潮；掌握中国革命道德的相关内容，熟悉中国革命道德的主要内容；学会在文明互鉴中积极吸收其他有益道德成果来发展我国今天的道德建设。使学生明确社会主义道德的核心和原则；熟悉社会公德、职业道德、家庭美德、个人品德的主要内容，深刻理解其涵义；理解公共生活秩序的重要性；了解维护公共生活秩序的手段和自觉遵守公共生活秩序的意义；了解爱情的本质；掌握道德修养的正确方法。使学生明白大学生投身道德实践，就要向道德模范学习；积极投身志愿服务活动；做社会主义道德的示范者和引领者，促成知荣辱、讲正气、做奉献、促和谐的社会风尚。

教学重点与难点

1. 马克思主义道德观。
2. 道德的功能。
3. 道德的发展规律。
4. 中华传统美德的基本精神。
5. 中华传统美德的创造性转化和创新性发展。
6. 借鉴和吸收人类文明优秀道德成果，必须秉承正确的态度和科学的方法。
7. 为人民服务是社会主义道德的核心。
8. 社会公德的主要内容。
9. 公共生活中的主要法律规范。

10. 社会公德的主要内容和实践与养成。

11. 如何锤炼高尚道德品格。

12. 向道德模范学习。

13. 如何引领社会风尚。

☞ 学时安排

8 课时

☞ 教学内容

第一节　道德及其变化发展

课堂讨论：

如果世界上只有一个人，是否有道德或者不道德的行为？为什么？

爱尔维修说："如果我生存在一个孤岛上，孑然一身，我的生活中就没有什么罪恶和道德。我在那里，既不能表现道德，也不能表现罪恶。"

康德说："世界上只有两样东西值得我们敬畏：一个是我们心中崇尚的道德准则，一个是我们头顶的星空。"

但丁说："道德常常能弥补智慧的缺陷，而智慧却永远也填补不了道德的缺陷。"

讨论：道德是什么？

一、什么是道德

（一）道德的起源

1. 非马克思主义道德起源说

非马克思主义的道德起源学说大概有四种代表学说。第一种是天意神启论。把道德起源归结于上天的命令或者神的旨意，试图以人之外的某种所谓客观意志来说明道德的起源。第二种是先天人性论。把道德的起源或者归结为与生俱来的善性，或者归结为先天存在的良心、理念或精神。第三种情感欲望论。它认为道德起源于人们的情感欲望，是人们为实现情感欲望而形成的行为要求。第四种是动物本能论。它认为道德观念是动物本能的延续，进而把动物基于本能的活动与人类有目的、有意识的活动画上等号。

2. 马克思主义道德起源学说

马克思主义道德观认为人类社会的实际情况是“物质生活的生产方式制约着整个社会生活、政治生活和精神生活的过程”。因此，道德的起源问题，必须从这一实际出发来认识和把握。

劳动是道德起源的首要前提。道德是人类社会的特有现象，动物的本能行为中不存在真正的道德。劳动将人与动物区分开来，创造了人、社会和社会关系，也创造了道德。

社会关系是道德赖以产生的客观条件。随着社会分工的不断发展，个人利益、他人利益和社会利益的界限逐步明晰，各种利益关系更为凸显，要求规范、协调或制约利益冲突的意识更为强烈，由此促进了人类道德的不断进步和发展。正是社会关系的形成和发展产生了调解各种关系特别是利益关系的需要，道德恰恰是适应社会关系调解的需要而产生的。

人的自我意识是道德产生的主观条件，意识是道德产生的思想认识前提。人只有在社会实践中，充分意识到自我作为社会成员与其他动物的根本区别，意识到自我在社会中的角色与地位，意识到自我与他人或集体不同的利益关系，并由此产生调解利益矛盾的迫切要求时，道德才得以产生。

> 人类的行为规范——风俗、道德、法律，其最基本的形成动因，就在于维系人类社会的生产秩序：“在社会发展某个很早的阶段，产生了这样一种需要：把每天重复着的产品生产、分配和交换用一个共同规则约束起来，借以使个人服从生产和交换的共同条件。这个规则首先变现为习惯，不久便成了法律。”
>
> （出自《马克思恩格斯选集》第 2 卷，第 211 页，人民出版社 1995 版）

生产实践是道德产生所需要的主客观统一的社会条件。道德的产生和发展经历了一个漫长的历史过程，一开始表现为各种风俗、禁忌、习惯，到后来逐渐获得了自己的独立表现形式，并获得了发挥自身功能和作用的途径。

(二)道德的本质

在西方古代文化中“道德”一词最早源于拉丁语的“moralis”，其原意是风俗习惯、性格的意思，以后逐步引申为原则规范、行为品质、善恶评价等方面的意思。道德是以善恶为评价方式，主要依靠社会舆论、传统习俗和内心信念来发挥作用的行为规范的总和。道德的本质是由经济基础决定的特殊的社会意识形态，其作用形式包括社会舆论、传统习俗、内心信念(良心)，其作用方式主要为善恶评价，其存在形式多为心理意识、原则规范、行为活动等。

1. 道德是反映社会经济关系的特殊意识形态

“人们自觉地或不自觉地，归根到底总是从他们阶级地位所依据的实际关系中——从他们进行生产和交换的经济关系中，获得自己的伦理观念。”

(出自《马克思恩格斯文集》第9卷，人民出版社2009年版，第99页)

道德是反映社会经济关系的特殊意识形态，道德的产生、发展和变化，归根结底根源于社会经济道德的性质和基本原则、规范反映了与之相应的社会经济关系的性质和内容。道德随着社会经济关系的变化而变化。道德作为一种社会意识，在阶级社会里总是反映着一定阶级的利益，具有阶级性；同时，不同阶级之间的道德或多或少有一些共通之处，反映着道德的普遍性，因此要正确把握道德的阶级性和普遍性及其辩证关系。作为社会意识的道德一经产生，便有相对独立性。相对独立性既表现为道德的历史继承性，也表现为道德对社会发展具有能动的反作用。

2. 道德是社会利益关系的特殊调节方式

道德是一种调整人与人、人与社会、人与自然以及人与自身之间关系的特殊的行为规范。道德作为一种调节方式，主要不是被颁布、制定或规定出来的，而是处于同一社会或同一生活环境中的人们在长期的共同生活过程中逐渐积累形成的要求、秩序和理想，它通过社会的道德风尚和个人的道德风范来调解利益关系。

3. 道德是一种实践精神

“必须加强全社会的思想道德建设，培育正确的道德判断和道德责任，提高道德实践能力尤其是自觉践行能力，引导人们向往和追求讲道德、尊道德、守道德的生活。”

(出自《习近平在山东曲阜考察时的讲话》2013年11月26日)

道德是一种旨在通过把握世界的善恶现象而规范人们的行为，并通过人们的实践活动体现出来的社会意识。道德是一种以指导人的行为为目的、以形成人的正确的行为方式为内容的精神，在本质上是知行合一的。

二、道德的功能与作用

（一）道德的功能

道德的功能，一般是指道德作为社会意识的特殊形式对于社会发展所具有的功效与能力。

道德的认识功能指道德反映社会关系特别是反映社会经济关系的功效与能力。道德往往运用善恶、荣辱、义务、良心等范畴，反映人类的道德实践活动和道德关系，从中揭示社会道德发展的趋势，为人们的行为选择提供指南。人们借助道德认识自己对社会、他人、家庭的道德义务和责任，使人们的道德选择、道德行为建立在明辨善恶的道德认识基础上，从而正确选择自己的道德行为，积极塑造自身的善良道德品质。

道德的调节功能是指道德通过评价等方式，指导和纠正人们的行为和实践活动，协调人们之间关系的功效与能力。这是道德最突出也是最主要的社会功能。道德通过调节人们的行为从“实然”向“应然”转化。

道德的规范功能是在正确善恶观的指引下，规范社会成员在社会公共领域、职业领域、家庭领域的行为，并规范个人品德的养成，引导并促进人们崇德向善。

（二）道德的作用

最近，美国耶鲁大学和加州大学的专家跟踪调查了加州阿拉米达县7000位居民，密西根大学调查研究中心对2700多人进行了14年跟踪调查，三所大学得出相同结论并向世人宣布：善恶影响人的寿命。

研究人员在以“社会关系如何影响人的死亡率”为课题的研究中惊讶地发现：一个乐于助人且和他人相处融洽的人，其预期寿命显著延长，在男性中尤其如此；相反，心怀恶意、损人利己、和他人相处不融洽的人其死亡率比正常人高出1.5～2倍。不同种族、收入高低、体育锻炼以及生活作风都不能影响这个具有普遍性的正确结论。

请思考：为什么善恶会影响人的寿命呢？

道德的作用是指道德的认识、规范、调节、激励、导向、教育等功能的发挥和实现所产生的社会影响及实际效果。具体表现有：道德为经济基础的形成、巩固和发展服务，是一种重要的精神力量；道德对其他社会意识形态的存在有着重大的影响；道德通过调整人们之间的关系维护社会秩序和稳定；道德是提高人的精神境界、促进人的自我完善、推动人的全面发展的内在动力；在阶级社会中，道德是调节阶级矛盾和对立阶级之间开展阶级斗争的重要工具。

三、道德的变化发展

随着社会生产的发展、社会形态的变动，道德的类型也在演变。这种演变先后经历了原始社会的道德、奴隶社会的道德、封建社会的道德、资本主义社会的道德、社会主义社会的道德。

人类道德发展的历史过程与社会生产方式的发展进程大体一致。虽然在一定时期可能有某种停滞或倒退现象，但道德发展的总趋势是向上的、前进的，是沿着曲折的道路向前发展的，或者叫做螺旋式上升、波浪式前进。

道德在社会生活中所起的作用越来越重要，对于促进社会和谐与人的全面发展的作用越来越突出；道德调控的范围不断扩大，调控的手段或方式不断丰富，更加科学合理；道德的发展和进步成为衡量社会文明程度的重要尺度。

第二节　吸收借鉴优秀道德成果

我们民族的道德文化源远流长，它发端于商周时期，经过两汉经学、魏晋玄学、隋唐佛学、宋明理学等各种不同学术文化思潮的洗礼、激荡、筛选、陶铸，而不断丰富发展，成为世界上最有特色的道德文化体系。它内容极其丰富，个性极其鲜明，影响极其深远，是世界上道德文化宝库中一颗璀璨的明珠。

一、传承中华传统美德

（一）中华传统美德的基本精神

“也许儒家思想在促进工业化和现代化方面要比西方文化更有价值。”

——英国学者凯恩

1988年1月，全世界诺贝尔奖获得者在巴黎召开集会并发表宣言指出：“如果人类要在21世纪生存下来，必须回首2500年，去吸收孔子的智慧。”

中华民族传统道德是中国历史上不同时代人们的行为方式、风俗习惯、价值观念和文化心理的体现，是中国古代思想家对中华民族道德实践经验的总结、提炼和概括。其精华部分就是中华传统美德。

中华民族传统道德的基本精神包括以下五种：第一种是重视整体利益，强调责任奉献。例如《诗经》中的“夙夜在公”，《尚书》中的“以公灭私，民其允怀”，范仲淹《岳阳楼记》中的“先天下之忧而忧，后天下之乐而乐”。第二种是推崇“仁爱”原则，注重和为贵。例如，孟子曰“仁者爱人”，孔子曰“己欲立而立人，己欲达而达人”，墨子认为“兼相爱，交相利”。第三种是提倡人伦价值，重视道德义务。例如“五教”思想之父义、母慈、兄友、弟恭、子孝，“五伦”之父子有亲、君臣有义、夫妇有别、长幼有序、朋友有信。第四种是追求精神境界，向往理想人格。例如孔子推崇的君子型人格，提倡“君子讷于言而敏于行”“君子博学于文，约之以礼”“君子食无求饱，居无求安，敏于事而慎于言”，以达到“内圣外王”的境界。第五种是强调道德修养，注重道德践履，倡导道德主体要在完善自身中发挥自己的能动作用。如《论语·里仁》里有“见贤思齐，见不贤而内自省。”

（二）中华传统美德的创造性转化和创新性发展

中华民族的道德传统是一个矛盾体，具有鲜明的两重性：属于精华的部分，表现出积极、革新、进步的一面；属于糟粕的部分，则表现出消极、保守、落后的一面。

我们应当加强对中华传统美德的挖掘和阐发，用中华传统美德滋养社会主义道德建设，坚持古为今用，推陈出新。其判断标准为是否有利于推动中国特色社会主义事业，是否有利于建设社会主义道德体系，是否有利于培育和践行社会主义核心价值观的标准。

在对待传统道德的问题上，要反对两种错误思潮：复古论，其认为道德建设的最终目标就是要恢复中国“固有文化”，形成以中国传统文化为主体的道德体系；虚无论，其认为中国传统道德从整体上来说在今天已经失去了价值和意义，必须从整体上予以全盘否定。

二、发扬中国革命道德

课堂讨论：

电信员是红军行军的“眼睛”和“耳朵”，红军的电信员都是无比忠诚的无产阶级革命战士。他们虚心好学，刻苦钻研。在长征途中，除了大名鼎鼎的曾希圣这样的电信人才外，还有红一方面军王铮、红四方面军宋佩夫、王子钢等许多位电信英雄。红军电信员有严格的保密制度，他们宁可牺牲也不会向敌人泄漏半点信息，并且时刻做好为革命牺牲的准备。1935 年 1 月，红十军团在怀玉山战役中不幸失败后，电信员把电台和机要文件全部烧毁，然后从容就义。在电信保密问题上，红军电信员抱着“人在密码在，人亡密码亡”的信念让国民党军根本没有机会破译红军的情报。

（出自纪录片《长征路上的红军电台》）

讨论：什么是中国革命道德？

中国革命道德，是对中华传统美德的延续和发展。传承和发扬中国革命道德，是弘扬中华传统美德的应有之义，是加强社会主义道德建设的客观需要，也是激励大学生锤炼优良道德品质的必然要求。

（一）中国革命道德的形成与发展

中国革命道德，是指中国共产党人、人民军队、一切先进分子和人民群众在中国革命、建设、改革中所形成的优秀道德，是马克思主义与中国革命、建设、改革的伟大实践相结合的产物，是中华民族极其宝贵的道德财富。中国革命道德萌芽于五四运动前后，发端于中国共产党成立以后蓬勃发展的伟大工人运动和农民运动，经过土地革命战争、抗日战争、解放战争以及社会主义革命、建设、改革的长期发展，逐渐形成并不断发扬光大。从毛泽东到习近平，都强调发扬革命传统道德，并以此支持中国的革命与建设事业。革命传统特别是革命道德传统，是克服前进道路上一切苦难的重要精神支柱，是战胜千难万险的重要力量源泉。中华传统美德是中国革命道德的渊源之一。中国革命道德继承了中国传统道德的精华，摒弃了传统道德的糟粕，是超越了时代局限的崭新道德。

（二）中国革命道德的主要内容

中国革命道德具有丰富而独特的内涵，既包括革命道德的原则、要求、态度、修养、风尚等，也包括革命理想、革命精神，具有丰富的内容。

（1）为实现社会主义和共产主义理想而奋斗。革命理想高于天。坚持社会主义、共产主义理想和信念的不屈不挠的精神是革命道德的灵魂。

（2）全心全意为人民服务。

案例：

柳青留给人们的不仅是他璀璨的文学瑰宝和为写作深入生活的人格魅力，而且还留下了他作为一名共产党员、人民作家的远见卓识，更重要的是他留下了的“计利当计天下利、为人当为天下民”的凝魂聚气的高风亮节。他始终把群众的观点、群众的需求、群众的疾苦、群众的向往和共产党人的宗旨深深植根于自己的思想之中，担负在自己的肩头上，落实在自己的行动上。他终生坚守信仰，牢记使命，以德修身，以德立威，以德服众，以德为民。为天下立心，为生民立命，以毫无自私自利之心的大无畏襟怀，敢于直面风险挑战，为民请命。他以刮骨疗伤、坚韧不拔、生命不息、奋斗不止的勇气，同一切影响党的先进性、弱化党的纯洁性的现象作坚决斗争，战胜前进道路上的艰难险阻，引领广大干部、群众，着力解决群众关心的最现实的利益问题。他为时代画像、为时代立传、为时代明德，为民族铸魂，为党的事业、为人民的福祉、为中华民族的伟大复兴而奋斗终生。

（出自《我们向柳青学习什么》各界导报 2019.07.15.第 004 版）

中国共产党人的初心和使命，就是为中国人民谋幸福，为中华民族谋复兴。民心是最大的政治，共产党员应始终坚持以人民为中心。

（3）始终把革命利益放在首位。

无数革命先烈坚定的理想信念、崇高的价值追求和巨大的人格魅力，极大地激发了革命者为集体而献身的斗志，形成空前的向心力和凝聚力，在艰苦卓绝的革命斗争中激励广大民众勇往直前，推动革命事业蓬勃发展。

（4）树立社会新风，建立新型人际关系。

新型社会关系体现了革命道德在社会生活层面的重要意义，有助于提升人民群众的文明水准和道德风貌，树立社会新风尚。

（5）修身自律，保持节操。

学习榜样的方法，就是要学用结合、知行合一。“要不断改造主观世界，加强党性修养，加强品格陶冶，老老实实做人，踏踏实实干事，清清白白为官，始终做到对党忠诚，个人干净，敢于担当。”晚年的张清依旧保持着看书学习的习惯，这一段他阅读时标出来的话，在一定程度上就是这位老英雄一生的真实写照。提高精神境界靠学习，纯洁品德修为磨砺。只有坚持学习，才能不断校正自己的人生坐标；只有勇于接受实践磨砺，才能永葆共产党人的政治本色。“以人为镜，可以明得失”。让榜样之光照亮初心，就要以先进典型为镜，明确努力方向，照出不足和差距，拿出“向自己叫板，对自己开刀”的觉悟和勇气，严格自警自律，把先进典型的崇高精神和优良作风内化于心，在学用结合、知行合一中不断提升党性修养和道德境界。

（出自《让榜样之光照亮初心》解放军报 2019.07.04 第 006 版）

讨论：从案例中的人物身上我们能学习到什么？

共产党人重视自身道德修养，把加强道德修养视为影响革命成败的大事，这是践履革命道德的重要环节。

（三）中国革命道德的当代价值

中国革命道德内容丰富、历久弥新。红船精神、井冈山精神、苏区精神、长征精神、延安精神、西柏坡精神等红色精神中蕴含的革命道德，都是中国共产党领导全体人民实现民族独立、人民解放的精神支撑和思想武器，对于我们走好新时代的长征路，实现中华民族伟大复兴仍然具有极其重要的现实意义。中国革命道德的当代价值是有利于加强和巩固社会主义和共产主义的理想信念，有利于培育和践行社会主义核心价值观，有利于引导人们树立正确的道德观，有利于培育良好的社会道德风尚。

三、借鉴人类文明优秀道德成果

异质文化的交流和碰撞、冲突和融合，是道德保持其生命力，实现自我更新和发展的重要机制。西方历代思想家对道德的起源和本质、道德的原则和规范、道德品质、道德评价、道德教育和修养等进行的有益探讨，其中不乏超越时代、国家、民族乃至阶级界限的真知灼见，为我国今天的道德建设和道德修养提供了有益的借鉴。

道德都是某个民族或国家在特定历史条件下，为回应来自自然环境、社会生活和人际关系的各种矛盾而形成和发展起来的，反映了具体的民族或国家的生存方式和生活态度。新加坡提倡的道德价值观是：仁、孝、家庭和谐、礼、责任感、忠、信、诚、勇、毅力、协作精神等；韩国把“道德的人”定义为：正确的价值观、人类的认同感、优秀的公民意识、关心他人的精神；法国教育训令规定：学校要把学生培养成尊重真理，勇敢劳动，富有同情心、责任心、集体观念和有教养的人；澳大利亚的教育大纲中提出的核心价值观为：关心别人、自尊、社会公正、参与、环境保护、诚实、坦率和美德；菲律宾提出的核心价值是：健康、忠诚、爱、社会责任感、经济效能、民族精神和爱国主义、全民族团结一致、文明因交流而多彩，文明因互鉴而丰富。

因此，一个国家或民族的道德进步，既要注意在文明交流中坚守自身优秀道德传统，也要在文明互鉴中积极吸收其他有益道德成果。借鉴和吸收人类文明优秀道德成果，必须秉承正确的态度和科学的方法，在借鉴过程中要坚持以我为主、为我所用，批判继承其他国家的道德成果。

第三节　遵守公民道德准则

一、社会主义道德的核心和原则

（一）为人民服务是社会主义道德的核心

葛长江在解放战争中英勇顽强、奋不顾身，在平津战役中光荣负伤，成为三等甲级革命残疾军人。转业到地方后，他兢兢业业，恪尽职守，为祖国的建设和发展作出了应有的贡献。离休后，他离休不离党，始终以党员的标准要求自己，力所能及地发挥余热，扶危济困，无私奉献，用自己的实际行动为党和政府分忧解难。向葛长江同志学习，特别是我们的党员干部，就要像他那样树立正确的世界观、人生观、价值观、权力观，真正实现好、维护好、发展好最广大人民群众的根本利益，真正做到权为民所用、情为民所系、利为民所谋，树立新时期党员干部的良好形象。

（出自《当代雷锋式人物的生动代表》）

为人民服务作为社会主义道德的核心，是社会主义道德区别和优越于其他社会形态道德的显著标志。为人民服务是社会主义经济基础和人际关系的客观要求，是社会主义市场经济健康发展的要求，体现着道德建设的先进性和广泛性要求。大学生践行为人民服务，就是要弘扬为人民服务的精神，尊重人、理解人、关心人，为人民、为社会多做好事、多作贡献。

“为什么人服务”是道德的核心问题，决定并体现着道德建设的根本性质和发展方向，规定并制约着道德领域中的所有道德现象。

为人民服务也有不同的层次，毫不利己、专门利人、无私奉献是为人民服务；顾全大局、先公后私、爱岗敬业、办事公道是为人民服务；同志间、师生间、同学间互相关心、互相爱护、互相帮助是为人民服务；热心公益、助人为乐、见义勇为、扶贫帮困、扶残助残是为人民服务；遵纪守法、诚实劳动并获取正当的个人利益，同样也是为人民服务。检验和判断各项改革政策和工作都要始终坚持和考虑人民满意不满意、人民赞成不赞成、人民拥护不拥护 。

（二）集体主义是社会主义道德的原则

柏拉图和他的学生有一段对话，学生问：老师，一滴水如何才能使它不干涸？柏拉图说：很简单，把它放到大海里。

集体主义是社会主义道德的原则。集体主义强调国家利益、社会整体利益和个人利益的辩证统一。集体主义强调国家利益、社会整体利益高于个人利益。集体主义重视和保障个人的正当利益。

集体主义道德有三个层次，最高层次是无私奉献、一心为公。中间层次是先公后私、先人后己。基本层次是公私兼顾、不损公肥私。这反映了我国人民当前的实际道德状况，也说明了集体主义是人人都可以践行的。

当代大学生应正确认识和处理国家、集体、个人的利益关系，自觉坚持个人利益服从集体利益、局部利益服从整体利益、当前利益服从长远利益，反对小团体主义、本位主义和极端个人主义。

二、社会公德

道德是分领域和层次的，道德中的社会公德，是维护公共秩序的重要手段。在人类社会发展的进程中，社会公德作为社会公共生活中应当遵守的行为准则，成为整个社会道德体系的基础层次。今天，社会公德在维护公共秩序方面的作用更加突出。大学生应当自觉培养公德意识，养成遵守社会公德的良好行为习惯。

（一）社会公德的含义

社会公德是指在社会交往和公共生活中公民应该遵循的道德准则，是社会普遍公认的最基本的行为规范。《公民道德建设实施纲要》明确指出，社会公德“涵盖了人与人、人与社会、人与自然之间的关系”。在人与人之间关系的层面上，社会公德主要体现为举止文明、尊重他人；在人与社会之间关系的层面上，社会公德主要体现为爱护公物、遵守公共秩序；在人与自然之间关系的层面上，社会公德主要体现为热爱自然、保护环境。

社会公德的范围包括两个方面：一方面是在事关重大的社会关系、社会活动中，应当遵守的由国家提倡的道德规范；另一方面是在人们日常的公共活动中，应当遵守、维护的公共利益、公共秩序、公共安全、公共卫生等守则。

（二）公共生活中的道德规范

在社会主义现代化建设的进程中，包括大学生在内的每一个社会成员，都应遵守以“文明礼貌、助人为乐、爱护公物、保护环境、遵纪守法”为主要内容的社会公德。

第一，文明礼貌。

> 举止是映照每个人自身形象的镜子。
>
> ——歌德《亲和力》
>
> 文明的最重要任务之一，是使人在他纯粹的物质生活中也受形式的支配，使人在美的王国能够达到的范围内成为审美的人。
>
> ——席勒《审美教育书简》
>
> 礼貌使有礼貌的人喜悦，也使那些受人以礼貌相待的人们喜悦。
>
> ——孟德斯鸠《论法的精神》

礼节是所有规范中最微小却最稳定的规范。

——拉罗什福科《道德箴言录》

良好的礼貌是由微小的牺牲组成。

——爱默生

凡人之所以贵于禽兽者，以有礼也。

——《晏子春秋》

在宴席上最让人开胃的就是主人的礼节。

——莎士比亚

文明礼貌作为中华民族的优良传统，是人们为维系正常生活共同遵守的基本道德规范。它是社会公德的一个基本规范，是社会交往的必然产物，是调整和规范人际关系的行为准则，是伦理道德的重要组成部分，与我们每个人的日常生活密切相关。人们的相互交往中，和悦的语气、亲切的称呼、诚挚的态度等，是相互尊重、友好的表现，也体现着一个人内在的思想道德水平和文化修养。

文明礼貌是打开心扉的一把钥匙，是交流思想的窗口，是沟通感情的桥梁，它反映着个人的道德修养，体现着民族的整体素质。我们国家是一个具有悠久历史的文明古国，素有礼仪之邦的美誉。今天，倡导和普及文明礼貌，是继承和弘扬中华民族传统美德、提高人们道德素质的迫切需要；是尊重人、理解人、关心人、帮助人，形成团结互助、平等友爱、共同前进的新型人际关系的迫切需要，也是树立国人良好国际形象的迫切需要。

第二，助人为乐。

案例：

王峰只是矿山深处一名普普通通的共产党员。他没有做出什么轰轰烈烈的大事，也没有惊天动地的伟业。他乐于助人、艰苦朴素、无私奉献，用点点滴滴的小事，阐释了一名普通党员的朴素追求。

一个人做一件好事并不难，难在一辈子做好事。王峰的感人之处就在于，他随时关注谁在现实中受困、临危。多年来，这个给自己看病花钱都心疼的“傻子”，悄悄认下了30多门“穷亲戚”。这个被很多人当做“傻子”的人，还带动了40多个人跟着他一起“犯傻”。

爱心人皆有之，在许多情况下，人们也会出于爱心帮助身边的人，但很多时候这种帮助是被动的。而在王峰身上，我们惊奇地看见，爱心每时每刻都在自然流淌。在这种流淌中，他比其他人更能感受到别人所需的帮助，他主动向每个人伸出援手，不管自己是否也身处困境。

（出自《像王峰一样让爱自然流淌》宁夏日报 2013.09.13 第 006 版）

在社会公共生活中，每个人都会遇到困难和问题，总有需要他人帮助、救济的时候，任何人都是社会的人，都不能脱离他人的帮助而存在，也不能脱离他人的关心而生活。人与人之间需要相互依存、相互关心、相互帮助。因此，在社会公共生活中倡导助人为乐精神，是社会主义道德核心和原则在公共生活领域的体现，也是社会主义人道主义的基本要求。助人为乐是我国的传统美德，我国自古就有“君子成人之美”“为善最乐”“博施济众”等广为流传的格言。把帮助别人视为自己应做之事，看作是自己的快乐，这是每个社会成员应有的公德，是爱心的表现。助人为乐对于大学生来说显得尤为重要，养成助人为乐的美德和习惯，将是正在成长成才的一代有为青年一生取之不尽、用之不竭的精神财富，正所谓“赠人玫瑰，手有余香”。大学生应当“以团结互助为荣、以损人利己为耻”，积极参与公益事业，力所能及地关心和关爱他人，在对他人的关心和帮助中获得人生的快乐。

第三，爱护公物。

爱惜和保护公共财物是社会公德的基本要求，它要求公民要关心、爱护和保护国家财产，同一切破坏和浪费公共财物的行为作斗争。

对社会共同劳动成果的珍惜和爱护，是每个公民应该承担的社会责任和义务，它既显示出个人的道德修养水平，也是整个社会文明水平的重要标志。随着社会现代化程度的日益提高，社会的公用设施得到妥善保护并保持良好的状态，是使公共生活有序进行的基本保证，同时也有利于每个人的工作和生活。如果每个社会成员都能珍惜、爱护公物，就意味着全社会的公共财物能够使其物尽其用，用有所值。相反，如果社会公共财物遭到破坏，社会全体人民的利益就会受到损害。所以，每个有责任心的公民，应当像珍惜与爱护自己的心爱之物一样，精心保护公共财物。

第四，保护环境。

保护环境是我国的基本国策，也是社会公德的基本内容之一。它涉及每个人的切身利益。保护环境不仅仅是指讲究公共卫生、美化个人生活环境等，还包括减少环境污染，维护生态平衡，合理开发利用自然资源、能源等广泛内容。由于我国人口众多，人均资源不多，保护环境对于可持续发展，维护子孙万代的根本利益，具有特别重要的意义。

保护环境主要是指保护自然环境，诸如水环境、大气环境、土壤环境、绿色环境、矿产资源、动物资源等，也包括保护文物资源、文化资源、社会管理资源等人文环境。热爱自然、保护环境是当今时代社会公德的重要内容。热爱自然、保护环境，从根本上说，是对全人类的生存发展利益的维护，也是对子孙后代利益负责任。作为有较高文化素养的一代有为青年，大学生要牢固树立环境保护意识，身体力行地从小事做起，从身边做起，从自己做起，带头宣传和践行环境道德要求。

第五，遵纪守法。

遵纪守法是社会公德最基本的要求，是维护公共生活秩序的重要条件。遵纪守法的实践是提高人们社会公德水平的一个重要途径。在社会生活中，每个社会成员既要遵守国家颁布的有关法律、法规，也要遵守特定公共场所和单位的有关纪律规定。对于一个公民来说，是否自觉维护公共场所的秩序，纪律观念强不强，法制意识强不强，体现着他的道德风貌。遵纪守法同时也是保证社会健康有序发展的基础。在社会公共生活领域中，人员构成复杂，素质参差不齐，正常的生活秩序容易被破坏，这就需要用纪律与法律来维护公共生活的正常秩序。大学生应当全面了解公共生活领域中的各项法律法规，熟知校纪校规，牢固树立法制观念，“以遵纪守法为荣、以违法乱纪为耻”，自觉遵守有关的纪律和法律。

（三）网络生活中的道德要求

网络生活，顾名思义就是在互联网上的虚拟的生活，比如浏览新闻、交友、打游戏等。网络如今成为人们生活中非常重要的信息平台与交流工具，网络生活已经成为大学生课余生活的重要内容，包括信息采集、网络聊天、网络游戏、论坛、网上交友等，可以说它已经成为大学生学习、交流的重要工具。然而，网络也是一把双刃剑，运用好可以极大丰富自己的视角，但使用不当又会带来危害，伤害自己，也扰乱社会。当前网络活动中存在不少问题：网络暴力、色情信息、盗版猖獗、病毒传播、黑客入侵等。

网络生活中的道德要求，是人们在网络生活中为了维护正常的网络生活秩序而需要共同遵守的基本道德规范。

1. 正确使用网络工具

网络是一把“双刃剑”，既使人们获取信息的方式更加方便、多样，也充斥着很多虚假、低俗甚至反动、淫秽和暴力等信息，特别是一些有组织的网络攻击和思想渗透行为。大学生应当正确使用网络，提高对网络内容和信息的鉴别力，积极运用网络传播正能量，使网络成为开阔学习视野，提高学习能力的重要工具。

2. 健康进行网络交往

QQ、微信、微博、网络直播等，虽然拉近了自己与陌生人的距离，却有可能使自己疏远家人、同学和朋友等身边的人，弱化了现实的人际交往能力，因此不能以网络交往代表现实交往。

3. 自觉避免沉迷网络

一个人的时间和精力是有限的，在网上消耗的时间多，在其他方面投入的时间就少。从网上得到的信息也并非越多越好，接受越多的信息越有可能干扰自己的思维和行动。

4. 加强网络道德自律

> 今天闭幕的中国互联网大会发出倡议，全国互联网从业人员、网络名人和广大网民，都应坚守“七条底线”，营造健康向上的网络环境，自觉抵制违背“七条底线”的行为，积极传播正能量，为实现中华民族伟大复兴的中国梦作出贡献。8月10日在中央电视台新址举行的“网络名人社会责任论坛”，就承担社会责任，传播正能量，共守“七条底线”达成共识。“七条底线”是：法律法规底线、社会主义制度底线、国家利益底线、公民合法权益底线、社会公共秩序底线、道德风尚底线和信息真实性底线。在中国互联网大会举行期间，中国互联网协会各位理事、专家、学者、网站负责人和网民代表等与会人员经过热烈讨论，一致认为，网络空间是现实社会的延伸，所有网站和网民都应增强自律意识和底线意识，并赞同共守“七条底线”。
>
> （出自《中国互联网大会倡议共守“七条底线”》人民日报，2013年8月16日）

网络空间同现实社会一样，既要提供自由，也要保持秩序。网络的虚拟性以及行为主体的隐匿性，不利于发挥社会舆论的监督作用，使道德规范所具有的外在约束力明显降低。大学生应做到自律而“不逾矩”。

5. 积极引导网络舆论

网络舆论的引导需要激浊扬清、弘扬正气。

近年来，互联网成为信息传播和交流的便捷手段的同时，也成为不法分子实施违法犯罪活动的新型工具。我们大学生要自觉遵守网络生活中的道德规范，同时也要遵守国家有关互联网的法律规定，坚守法律底线。

三、职业道德

课堂讨论：

据《华西都市报》报道，2月12日，四川泸州在春节期间，出入境办证迎来高峰期。泸州市公安局出入境管理支队所有警察上下班连轴转，确保各项业务顺利开展。因工作强度大、压力大，女警易霞背过办证柜台，悄悄地抹去眼泪，几秒后，她又面带微笑面对办证群众继续服务。

无独有偶。1月25日，在贵州毕节生机高速收费站，女收费员翁芯帮着推走故障车辆，以便清理车道，后面排队的司机不知情大骂其动作缓慢，刚工作不久的她被骂得委屈地哭了，但下一秒面对顾客时，她抹掉眼泪，坚持微笑服务。

都说“爱哭是女性的天性”。作为女性，易霞和翁芯因工作压力大、受委屈，哭一哭鼻子，发泄一下情绪，实为正常。然而，她俩的流泪只持续了短暂的时间，很快就转变成了一副微笑的面容，被人们称为“上秒哭下秒笑”。她们为何要“秒变”呢？是压力不够大，还是委屈不够深？其中的真实原因却是：易霞认为自己是窗口人员，不能哭丧着脸面对群众；翁芯知道下一位顾客马上就要来了，她必须飞快地抹干净泪水，努力忍住抽泣，然后继续微笑服务。

（出自《“上秒哭下秒笑”是最敬业的变脸》贵州日报 2019.02.22 第005版）

讨论：材料中的人物对你有何启示？

（一）职业生活与劳动观念

职业是指人们由于社会分工所从事的具有专门业务和特定职责，并以此作为主要生活来源的社会活动。职业生活则是人们参与社会分工，用专业的技能和知识创造物质财富或精神财富，获取合理报酬，丰富社会物质生活或精神生活的生活方式。人类是劳动创造的，社会是劳动创造的。习近平给中国劳动关系学院劳模本科班学员的回信中说到：“社会主义是干出来的，新时代也是干出来的。”正确的劳动观念是维系人们职业活动和职业生活的思想观念保障。在职业生活中，必须牢固树立“劳动最光荣、劳动最崇高、劳动最伟大、劳动最美丽”的观念，通过劳动创造更加美好的生活。无论从事什么劳动，都要弘扬工匠精神，干一行、爱一行、钻一行。

（二）职业生活中的道德规范

爱岗敬业。爱岗敬业就是要干一行爱一行，爱一行钻一行，精益求精，尽职尽责。

诚实守信。诚实守信要求从业者在职业活动中诚实劳动、合法经营、信守承诺、讲求信誉，这是个人的高尚人格力量、社会正常秩序的基本保证，也是国家的良好形象。

办事公道。办事公道要求从业者做到公平、公正，不损公肥私，不以权谋私，不假公济私。

奉献社会。奉献社会要求从业人员在自己的工作岗位上兢兢业业地为社会和他人作贡献。这是社会主义职业道德中最高层次的要求，体现了社会主义职业道德的最高目标指向。

（三）树立正确的择业观和创业观

课堂讨论：

今年，被戏称为“史上最难就业季”。许多大学生为工作难找发愁，不少家长为孩子找不到工作担忧。但另一方面，不少企业为招不到员工愁眉难展，许多公司因找不到职员寝食难安。大学生认为工作难找，原因何在？这既有主观因素，也有客观原因。客观上讲，由于国家经济放缓，企事业单位向社会提供的岗位有所减少，而大学毕业生人数增加，这对矛盾似显突出。

从主观上说，大学生求职“眼光”过高，高不成低不就。不少人，非公务员、事业单位不去，非央企、国企不干，非沿海城市、大城市不来，非高工资、轻松工作不做。怀着如此主观愿望求职，工作岂能不难找？

但全国69所高校的300名大学生，他们审时度势，放下“天之骄子”的架子，转变就业观念，“毅然决然”走进河南牧原食品股份有限责任公司，当起“猪倌”来，为其他大学生就职提供了有益的启示。经过几年在“象牙塔”的苦学，毕业了，就是要把所学运用于实践，在工作历程中实现人生价值。实现人生价值，不一定非要是公务员、事业单位职工，不一定非要在国企、央企、大城市。只要有了平台，再用自己脚踏实地的精神去拼搏，一样能得到单位认可、社会肯定，一样能为自身、为他人、为社会创造出令人欣喜的价值来。

（出自《大学生“猪倌”彰显不丢人的人生价值》科技日报2013.07.23第007版）

讨论：大学生应该如何选择自己的职业？

树立崇高的职业理想。职业不仅为了谋生，也要奉献社会、完善自身。

服从社会发展的需要，综合考虑自己的意愿和社会的需求(双向选择)。只强调“自己的意愿”，最后可能会成为“啃老族、宅男宅女”。目前，基层单位特别是中西部地区的人才需求十分强烈。大学生应响应国家号召，适应祖国发展需求，面向基层、面向国家建设第一线去选择自己未来的职业。

做好充分的择业准备。机会总是垂青于有准备的人，是金子总会闪光，个人的素质是立身之基，技能是立业之本。

大学生需要及时调整就业观念：避免集中在热门行业和地区寻找就业机会。降低期望值，特别是从基层和一般行业做起。社会发展最终将走向利润平均化，地区差别也将逐渐缩小。先就业再择业，不要寄希望于一蹴而就，要“骑马找马”。抛弃“等、靠、要”观念，勇于竞争，积极自主创业，不仅给自己机会，也为社会和他人创造就业机会。树立远大理想，不要将人生目标定位于就业。

课堂讨论：

我在新东方非常鼓励冒险精神，这种冒险精神逐渐也会跟创业连在一起。举个简单的例子，比如我原来的两个助理，从某种意义上来说也是我的保安，他们都是从部队转业来的，本来没有创业的想法，跟着我工资收入、各方面待遇都不错，但是这两个助理现在都去创业了。

为什么呢？就是因为他们逐渐被我的冒险精神影响了。他们看着我到一所一所大学、一家一家创业机构去演讲，不断地鼓动大家突破自己的生命极限，努力让自己的生命过得更加辉煌。到最后，他们都觉得跟着我当一辈子助理不是他们想要的生活，所以要自己创业。他们其中一个回家乡做了一家大型农业公司，另一个到草原上做了一个度假村，接待四方来客。这毫无疑问就是我的冒险精神带领出的新东方人。另外，新东方经常会搞一些活动，比如徒步翻山越岭，到草原上去骑马喝酒，到沙漠中去徒步，到高原上体会高原的风情风貌，到国外各种文化古迹去体会别人的思想和风情。这些不知不觉地提高了人的眼界，让人从内心产生一种不愿意平凡度过此生的想法。

（出自《俞敏洪亲述新东方创业发展之路》文汇报 2019.07.18，第 W08 版）

讨论：大学生应该树立怎样的创业观？

培养创业的勇气和能力。创业需要勇气，但需要的是智勇，而不是匹夫之勇，也不是蛮干。创业不是追求时髦的感觉，而是获得成功的果实。

大学生在创业的问题上除了要具有立足创业、勇于创业的心理准备之外，还要有善于创业、成功创业的理性思考。既要不拘泥于形式，又要充分考虑自身的条件、创业的环境等各种现实的因素。来过、走过、经历过的感受固然浪漫，但苦过、累过、成功了的收获才是宝贵的。打破“学历本位”的因袭观念，树立“能力本位”意识，努力提高自己自主创新的能力，是需要大学生在大学阶段破解的一道难题。

（四）自觉遵守职业道德

学习职业道德规范，既包括一般的职业道德知识，也包括特定行业的职业道德知识。通过学习，明确职业活动的基本规范和目的，从而提高自己的职业认知判断能力和树立正确的价值理念。

提高职业道德意识，将规范内化为自身的素质，提高到自觉意识的层面。

提高践行职业道德的能力。“纸上得来终觉浅，绝知此事要躬行。”大学生虽未走上社会，但仍有多种渠道与社会联系，像勤工俭学、兼职、实习等。

四、家庭美德

课堂讨论：

7 月 1 日晚，黄文秀家人围坐在电视机前，静静地收看“时代楷模发布厅”节目。灯光下家人悄悄拭泪。家风是一个家的风气或者风尚，它看似无形，却在潜移默化中影响家庭的成员，成为涵养家庭成员的“精神内核”，也会引导他们树立起自己的人生“大坐标”。“时代楷模”黄文秀的家风是什么样的呢？从她的父亲身上看到的是知恩图报、奋进、坚强这些品质，在黄文秀的心里种下的也是“奋进、感恩”的种子，才会让她在研究生毕业以后，毅然选择回到家乡。一个决定其实不难，难的是让这一个决定从扎根心中到扎根大地，再到扎根于人民的心中。黄文秀就是这样的一位干部，不管身在何处，不管岗位在哪里，她都能够在自己的岗位上认真地履职尽责，她的心中放不下的依然是群众。

（出自《黄文秀的家风是不忘初心时代典范》广元日报 2019.07.07，第 A04 版）

讨论：家风对一个人的成长有着怎样的影响？

（一）注重家庭、家教、家风

所谓的家庭，指婚姻关系、血缘关系或收养关系基础上产生的，亲属之间所构成的社会生活单位。家庭是每个人与社会接触、步入人生的起点站。孩子最早接触的是家庭，而父母是孩子的第一任教师。可以说，每个人的意志品质、个性性格、礼仪道德、人生理想、求知兴趣等都是首先在“家庭”中获得熏陶与启迪。家庭教育就是家庭中年长的成员，如父、母、祖父母等，对孩子的熏染、影响和教导。

所谓的家风，又叫门风，是一个家庭或家族多年来形成的传统风气、风格和风尚，承载着一个家庭或家族的生活方式、生活态度、文化氛围、理念、价值观和人生观等。李氏家族是潮州的书香世家，李嘉诚的经典名言：“漫无目的的生活就像出海航行而没有指南针”“好好扮演自己的角色，做自己该做的事”“一切伟大的行动和思想，都有一个微不足道的开始。”家庭、家教、家风融为一体。家庭是本，家教是术，家风是魂。

（二）恋爱、婚姻家庭中的道德规范

1. 爱情的定义与本质

所谓爱情，是一对男女基于一定的客观物质条件和共同的人生理想，在各自内心中形成的相互间最真挚的爱慕，并渴望对方成为自己终身伴侣的最强烈、专一和稳定的感情。爱情是存在于人类两性之间的一种崇高的情感，是“人类男女间基于生命繁衍的本能和确保身心最大快慰而产生的互相倾心和追求的生理和社会的综合现象。”（《婚姻家庭大辞典》）

美国心理学家斯滕伯格的爱情三角理论是目前最重要且令人熟知的理论。他认为爱情包括三种成分：亲密、激情及承诺。其中亲密是“爱的情绪”（感情）元素，指两人间投合、相知相惜的情感，两人交往时可凭借感觉来沟通，分享个人所拥有的，包括时间和自我，并提供情感上的支持。激情是“爱的动机”元素，包括生理上的需求和冲动，如相处时的感受、外表与吸引力等。“承诺”是“爱的认知”元素，指两人之间的承诺，是一种理性的抉择，也是维持两人关系长久的动力。承诺通常由忠诚、关系的建立，患难与共，或是借订婚、结婚等付诸实现。

弗洛姆认为，爱主要包括关心、责任、尊重和认识等基本要素，缺乏这几个要素的爱都是残缺的爱。真正成熟的爱是四个要素缺一不可的有机结合。爱情就是对生命以及所爱之物生长的积极关心，缺乏这种积极的关心就只能是一种情绪，而不是爱情。责任心是关心的另一方面，是一种自愿行为，是对另一个人表达出来或尚未表达出来的愿望的答复。尊重是有能力实事求是地正确认识对方独有的个性，努力使对方成长并发展自己。缺乏尊重、责任心就蜕变成控制和奴役别人。尊重让被爱的人为他自己的目的而成长和发展。人们只有认识对方，了解对方，才能尊重对方。如果不以了解为基础，关心和责任都会是盲目的。

马克思主义的诞生为我们认识爱情的本质提供了科学的理论依据。马克思提出了一个有名的论断：人和人之间直接的、自然的、必然的关系就是男女之间的关系，从这种关系可以判断人的整个教养程度。恩格斯则对爱情作过明确的论述：爱情就是“人们彼此之间以相互倾慕为基础的关系”，他描述了这种关系的三个特征：第一，爱情以所爱者的互爱为前提，女子和男子处于平等的地位；第二，爱情是一种强烈持久的感情，如果双方不能彼此结合或彼此分离，就是一个很大的不幸，为了彼此的结合，双方甘冒很大的风险，甚至不惜以生命孤注一掷；第三，爱情是评价两性关系的道德标准，即只有由于爱情而发生的两性关系才是道德的。

马克思主义认为，爱情有两种属性：一是自然属性。一般来说，人发育到一定时期，就会自然地产生对异性的要求，人类依赖这种性能，繁殖后代，延续种族，这是人类所具有的自然属性。这种追求异性的生理要求是产生爱情的自然前提。二是社会属性。马克思主义者同时认为，爱情还包含社会属性的一面，即爱情是人类的一种高尚的精神生活，是一种完整的生理、心理、美感和道德的情感体验。而且爱情的产生要受到多种社会因素的制约。因为人对异性的需求不是以简单的自然方式进行的，而是以复杂的社会方式进行的。它要求双方在思想、情感、性格等方面共同一致，要求双方共同承担社会责任和义务。爱情是一种高级的精神生活，它包含着丰富的思想文化的内涵。所以，爱情的本质应当是自然属性和社会属性的统一，这就是马克思主义对爱情的认识。单纯地追求性欲的满足，不能称之为爱情；脱离了性的要求，单纯追求精神的满足，也不是真正的爱情。

从爱情的两种属性可以看出，爱情的建立需要有两个方面的条件为基础，一是一定的物质条件基础，包括最基本的生存条件，也包括爱情主体的身体素质和各种机能的健全。二是需要一定的精神条件基础，包括共同的兴趣爱好、崇高的理想、高尚的道德情操等方面。在基本的物质条件具备的情况下，精神因素显得尤其重要。

2. 恋爱中的道德规范

尊重人格平等。恋爱的双方在人格上都是独立的，如果把对方当作自己的附庸或依附对方而失去自我，都是对爱情实质的曲解。恋爱双方在相互关系上是平等的，都有给予爱、接受爱和拒绝爱的自由。放纵自己的情感，束缚或强迫对方，都不符合恋爱的道德要求。

自觉承担责任。自愿地为对方承担责任，是爱情本质的体现。爱一个人或接受一个人的爱，就要自觉地为对方承担责任。第一，学会爱自己。想要爱别人，首先必须爱自己，连自己都不爱的人，对别人的爱不是真正的爱。爱自己不同于自私，学会爱自己是为了更好地爱别人。爱自己是学习如何爱的最好的方法，通过训练爱自己你才会学会爱别人。爱自己首先就是自尊自信。尊重自己的价值，尊重自己的需要、愿望、要求；对自己有信心，能肯定自己、欣赏自己，同时也不会轻易地否定自己。爱自己就意味着相信自己的基本价值，培育一种健康的自我肯定意识。爱自己也意味着积极关心自己的每一个方面。每个人或多或少都有缺陷感，不是在身体上、智力上、经济上，就是在人际关系、情感完善上，或是在精神成长上。但是，尊重、呵护、满足和珍视自己是你与生俱来的权力，也是你可以学会的一件事情。只有当你成功地掌握了如何关心自己的需要时，你才明白怎样将同样的关爱给予别人。当你尊重自己的思想和感觉的合理性时，你才能将这种尊重施于他人。当你从心底相信你自身是如何有价值时，你才会发现别人的价值。第二，迎接爱的能力，包括表达爱的能力和接受爱的能力。想要具有表达爱的能力，就必须懂得爱是什么，有健康的恋爱价值观，知道自己喜欢什么，需要什么，适合什么。心中有爱要敢于表达、善于表达，用自己的言行让对方感受到你的爱。当别人向你表达爱时，能及时准确地对爱作出判断，并作出接受、谢绝或再观察的选择，这是接受爱的能力。大学生要具有迎接爱的能力，就应尊重自己相信自己，同时对他人对万事保持敏感和热情，应主动关心他人，热爱他人。第三，拒绝爱的能力。拒绝爱的能力包括两个方面：一是敢于理智地拒绝不希望得到的爱情。面对自己并不喜欢的异性，优柔寡断，或屈从于对方的穷追不舍的做法是有害的，因为爱情来不得半点勉强和将就，要勇敢地说“不”。二是要掌握恰当的拒绝方式，虽然每个人都有拒绝爱情的能力，但是珍重每一份真挚的感情是对他人的尊重，同时是对个人道德情操的检验。大学生在拒绝别人的示爱时，要给予对方充分的尊重，真切地关怀和同情他人的命运，同时运用一种充满关切、尊重和机智的方式来维护自己也维护他人的利益。不顾情面，处理方法简单轻率，甚至恶语相加，结果使对方的感情和自尊心受到伤害。第四，发展爱的能力，培养爱的责任。发展爱的能力，并不是非要具体到对某一异性的爱，可以是更广泛意义上的爱。我们的亲人、同学、朋友、祖国和人民，都值得我们去热爱。发展爱的能力，就是要培养无私的品格和奉献精神，要培养善于处理矛盾的能力，有效地化解消除恋爱和家庭生活中的矛盾纠纷，为恋人负责，为社会负责，才能创造出幸福美满的婚恋。

文明相亲相爱。文明的恋爱往往是恋爱双方既相互爱慕、亲近，又举止得体、相互尊重。恋人在公共场所出入，要遵守社会公德，不要对他人生活和公共生活造成不良影响。即使最甜蜜的爱情也避免不了出现吵架、冷战等矛盾冲突，毕竟两个人存在着个体差异。吵架并不可怕，关键要掌握艺术。恶性吵架会损害两个人的感情，而建设性的吵架反而会成为感情的催化剂，使得感情在经历冲突之后变得比以前更加稳固。

心理学家建议，在吵架前30秒先问自己三个问题：第一，究竟是什么让我生气？第二，这件事情是否很糟糕，需要通过吵架来解决？第三，吵架能解决问题吗？回答完这三个问题，你会发现，有些事情根本不值得吵架。

万一吵架了，那吵架时也要遵守以下规则：第一，就事论事，对事不对人，不可扩大战事。不要由恋人的这件事无限度地扩大到其他相关的亲人、朋友身上去，一律杀无赦。不要进行人身攻击。例如："你竟然把我的生日给忘记了，让我觉得你不够爱我"是在表达自己的感受，对事不对人。"你这个人真是太自私了，从来不想为我付出什么"是人身攻击。第二，直接表达自己的感受和情绪，不要用绝对化、攻击性字眼，不用轻蔑的语气、表情等。可以用这个句型表达"当我看到(听到)你做(说)……时，感到……"。第三，不回避，不冷战。冷战是无硝烟的战争，是一场耐心的赌博，看谁先妥协，但冷掉的是感情。所以不要想着用这种形式去惩罚对方，因为这同时也是在惩罚自己。第四，不争输赢。吵架是没有赢家的，吵架的结果应该是协调两人意见达成一致看法。美国婚姻专家说：吵架的任一方赢了，对良好的夫妻关系来说都是失败的。第五，吵架忌讳翻旧账、搬家兵、伤人自尊。翻旧账会挫败对方解决矛盾的信心，产生无奈和绝望。搬家兵容易让矛盾复杂化，影响家人对恋人的态度进而影响你们的关系。伤自尊的话，例如："我从未见过你这么没出息的男人""哪个女人像你这样小心眼"……会令对方无地自容，产生逃离你的冲动。

大学时代是人生美好的时光。爱情的艳丽花朵，要精心照料才会绽放得更加绚烂多彩。对大学生来说，如果在大学时代与爱情相逢，那就要用心呵护，倍加珍惜。

3．婚姻和家庭

婚姻是指由法律所确认的男女两性的结合以及由此产生的夫妻关系。谨慎对待结婚成家。在尚未走向社会时草率结婚成家，会对学业和生活产生许多负面影响。正确的婚姻观是担当责任和履行义务。婚姻不仅代表两情相悦，更代表责任和义务。

所谓家庭是指在婚姻关系、血缘关系或收养关系基础上产生的亲属之间所构成的社会生产单位。婚姻是家庭产生的重要前提，家庭又是缔结婚姻的必然结果。

4．家庭美德

习近平总书记强调："家庭教育涉及很多方面，但最重要的是品德教育，是如何做人的教育。”作为公民道德建设的关键一环，家庭的作用不可或缺。中共中央、国务院印发的《新时代公民道德建设实施纲要》明确提出“推动践行以尊老爱幼、男女平等、夫妻和睦、勤俭持家、邻里互助为主要内容的家庭美德，鼓励人们在家庭里做一个好成员”。新时代新征程，培育家庭美德，崇尚良好家风，才能为家庭谋和谐、为他人送温暖、为社会作贡献。家教家风与家庭美德绝不仅仅是居家生活的相处之道，更连通着国家发展和社会和谐。缺少必要的正确家教，家庭就会成为人性弱点的避风港、不良风气的滋生地。重言传、重身教，教知识、育品德，以身作则、耳濡目染，用正确道德观念塑造美好心灵，新时代的家庭就将绽放出美丽的道德光芒。

——《人民日报》(2019 年 10 月 31 日 04 版)

尊老爱幼，对于日趋严重的老龄化问题和独生子女问题意义重大。

男女平等。家庭生活中的男女平等表现为夫妻权利义务、人格地位上的平等，又表现为平等地对待自己的子女。

夫妻和睦。夫妻关系是家庭关系的核心。夫妻和睦，是在男女平等基础上互敬互爱、互助互让。

勤俭持家。大学生要尊重父母劳动所得，体谅父母的辛苦操劳，在日常生活中注意节俭，尽量减轻父母和家庭的生活负担。

邻里团结。远亲不如近邻。尊重邻居的人格、民族习惯、生活方式等。

(三) 树立正确的恋爱观与婚姻观

1. 不能误把友谊当爱情

友谊和爱情是人类生活中追求的永恒主题，尤其是对刚刚离开家乡，来到大学的莘莘学子来说，更加迫切地渴望友谊的温暖、爱情的滋润。然而很多大学生有时候会搞不清：我对他(她)的感情到底是爱情还是友情。

友谊是人类一种高尚的情感，是一种纯洁的广泛性的人际交往，不带有激情和承诺。而爱情则不同，它是建立在友情基础之上，内容更加丰富的情感。

友谊和爱情最为明显的区别是：爱情指向异性，具有排他性、冲动性和隐蔽性，而友谊则不具备这种特点。第一，排他性。这是爱情区别于友谊最为显著的特点。它源于爱情的自然属性，是一种自发的心理倾向。简单地说，朋友可以有多个，但恋爱配偶只能有一个。如果男女之间的关系可以和其他类似的关系并存，这是友情；如果不能和其他类似的关系并存，否则会引起嫉妒、痛苦和冲突，那么这就是爱情或类似爱的感情。同时，社会制度和伦理道德的约束，也保障了爱情的排他性。陶行知先生说："爱情之酒甜而苦，两人喝是甘露，三人喝是醋酸，随便喝会中毒。"可见，爱情是男女双方渴望成为终身伴侣的强烈感情，不容许任何第三者的插足，忠贞专一的爱情才是真正的、纯洁高尚的爱情。而异性友谊则不具备排他性，友谊本身的内涵就是广泛性和博大性。第二，冲动性。所谓冲动性是指恋爱双方表现出的强烈的亲近欲望。男女相爱，或因美好的情境、或因心理相容、或因言语投机而产生冲动。而异性的友谊则无这种冲动，两人接触时，也有可能产生脸红、害羞等，但绝不会有"非分之举"。第三，隐蔽性。这是爱情产生之后表现出来的一个重要心理特征。热恋中的男女，一般不愿在大庭广众、众目睽睽之下谈情说爱。这种心理特征在爱情萌发的初始阶段表现得尤为突出。爱情的隐蔽性特征使爱情抹上了一层文明和神秘的色彩，同时也使爱情的心理感受在含蓄体验中带来美感。而男女之间的友情，则不会太多地顾忌在公众场合下的感情交流。

2．不能错置爱情的地位

有些同学把爱情放在人生最高的地位，奉行爱情至上主义，沉湎于感情缠绵之中。这样的恋爱观，很容易导致对人生目标的误解，对需要将主要精力用于学习上的大学生来说危害尤大。那么什么时候是恋爱的最佳时机呢？

第一，生理和心理的相对成熟是恋爱的最佳时机。因为它是能够把爱情纳入理智行为的身心基础。一般说来，人类的年龄可以划分为三种：生理年龄，也就是生理发育所标志的年龄；心理年龄，是心理素质及其成熟程度的标志；容貌年龄，即面容、体态所标志的年龄。这几种年龄的形成，是以生理发育为基础，以环境的塑造为外因，以自身的适应能力和保健活动的状况为导向。因此，要选定自己适宜恋爱的起始年龄，实际年龄固然很重要，同时还要从心理发育的状况，特别是适应社会的能力方面进行综合的考虑。

第二，选择恋爱的最佳时机，必须到理想与立业的稳定性中去寻觅，它是获得高尚爱情的指路明灯。有的青年尚未理解人生的真正意义，尚未奠定事业的坚实基础，就急于追求爱情的幸福。这样的追求即使"成功了"，也只能叫做襁褓中的爱情，因为它还缺乏对人、对事分析判断的能力，缺乏自立的基础。从一定意义上来说，一对恋人思想成熟的程度，往往决定于他们的爱情的崇高程度。有的青年，在思想不够成熟、生活经验匮乏、事业基础尚未确定的情况下，匆匆恋爱，草率完婚，这种缺乏基础的婚姻，不但有很大的盲目性，有时甚至会给双方带来巨大的痛苦。因此，当年轻朋友步入人生最美好的时光的时候，应该去理解人生的真谛，探寻事业上成功的途径。当理解人生的意义，树立了远大理想并为之奋斗之时，爱情自然会降临到你的身旁。

第三，恋爱的最佳时机，应该是在确立了稳定而正确的人生观后。恋爱观不是孤立的，它是由人生观决定的，也就是说，有什么样的人生观，就有什么样的恋爱观。不仅如此，人生观又决定了一个人的志趣、爱好、性格等方面的稳定程度。每一对情侣都是以自己独特的方式相爱的，但在不同人的爱情中，却有共性的东西，它决定着恋人之间感情的深度。这种共性的东西就是共同的人生态度、理想、志趣和道德观念。因此在没有确立较稳定的人生观的时候，就去追求“爱情”，其结果往往是令人失望的。只有树立了正确的人生观，只有在社会实践中不断加强自身的修养，才能热爱生活，获得真正的爱情。

3. 不能片面功利化地对待恋爱

无论是在自己心中勾画出一个脱离现实的恋爱偶像，还是只追求外在形象，或者只看重对方的经济条件，或者仅仅把恋爱看成是摆脱孤独寂寞的方式，都无法产生真挚的感情，也得不到真正的爱情。

4. 不能只重过程不顾后果

责任是爱情得以长久的重要保障，是坚贞爱情的试金石。自愿担当的责任，丰富了爱情的内涵，提升了爱情的境界。如果“不在乎天长地久，只在乎曾经拥有”，把爱情当成游戏，既会伤害对方，也会伤及自己。

历史的发展、生命的交替、物质的循环，都有一定的内在规律和适宜条件。爱情也是一样，只有把握住恋爱的最佳时机，才能获得真正的爱情。对于何时谈恋爱，没有统一的标准，各家有各家的说法，苏联著名教育家苏霍姆林斯基关于这方面的六个问题提的很有道理：

(1) 问你能否善于控制自己的愿望；

(2) 问你能否做到不自私；

(3) 问你能否善于控制自己的感情；

(4) 问你是否想过今后会有孩子；

(5) 问你的双亲对这桩事有什么意见；

(6) 问你是否想过未来的家庭除了欢乐之外，还有忧愁、灾祸和不幸。

5. 不能因失恋而迷失人生方向

案例：阳光下的水晶球

在爱情上，我走过一段很深刻、很辛酸的路程。或许是自己太年轻，因为自己的任性而留下了遗憾。回过头来看，它一点都没有当初在心里的特别。在这个世界上，一样的爱情故事天天在上演，但它对个人来说却是唯一的。

他比我早一年上大学，在那一年里，他一直和我一个初中的好朋友在一起。这其中的悲痛我根本不想提。直到此刻，写下这些文字的时候，眼眶依然含着泪水。在那样的年龄，我同时接受了两份背叛。纵使我曾经再任性、再骄傲，也不至于需要承受这些。因为这些都不是本质上的错。高考后的三个月本该是最快乐轻松的，但我却是在沉默寡言中度过。一个假期，我消瘦了很多。

我曾想过报复，真的想过，到底是凭什么我要接受这样的侮辱。我比他们都要优秀！我甚至想过要原谅他的错误，和他重新开始后再放弃。但是，在与正面思想的对质中，这些消极情绪都被对比下去了。只是我始终都无法释怀，以致后来的我一直不愿打开心门，一直都不愿接受下一段恋情。我只是觉得，自己再也无法相信。

后来的自己慢慢明白，爱不能强求，以爱的名义强留感情是自私的。当感情结束的时候，勇敢地接受，其实是另一种成长。真正相爱，就要接受并欣赏对方的差异，不要任性地、居高临下地伤害对方。

现在的我已经坦然了。如果别人错了，就宽容地原谅吧，不要用别人的错误惩罚自己。如果自己曾经错过，就不断地完善自己，用一颗积极乐观的心去投入生活。多年前的自己根本不敢肯定自己会有勇气回顾，偏执地以为自己会一直活在对爱情的怨恨中。经常想象，在明媚的阳光下，转动着手中的水晶球，简单、透明，就像在阳光下面对自己最真实的内心。

（出自《心理健康研究与指导》张玲著，教育科学出版社，2001年第1版）

上面的案例很经典，它集中了情感纠葛的许多元素：从矛盾、犹豫、摇摆，到伪装、掩饰、伤害，从背叛、愤怒、报复，到醒悟、原谅、坦然。有一句话：当你爱我时，我的心还在沉睡；当我爱你时，你的心已经冷却。别看青少年的恋爱，同样会给人深刻的伤害。爱的不同步，爱的不对等，爱的不平衡，都是非常折磨人的事。而且，你越在乎，伤得越厉害。受伤之后，很多人陷入受害者情结难以自拔，不断舔砥自己的伤口，会成为习惯和依赖。甚至在痛中自我喂养，感受病态的满足。

哭过之后会长大，伤害过后会成长。当我们把失恋当成是成长的一剂苦口良药，我们就能够将伤害变成财富。有一位大学生，当她艰难地从失恋的痛苦中走出时，她说：我懂了泰戈尔的那句诗：世界以痛吻我，要我报之以歌。

失恋是指恋爱中的一方否定或中断恋爱关系的行为使另一方承受的巨大挫折。它与舆论挫折和家庭挫折不同，后两者的受挫对象是恋爱的对方，事实上往往可因逆反心理反而加强了恋爱双方的联盟。虽然恋爱双方有不同程度的挫折感，但因有爱情存在的欣慰感，所以苦恼中有温暖。失恋则不然，它失去了对方的爱情，而这种爱又是其他感情所不能替代的。对爱的绝望感和一时的孤独感、虚无感是失恋中常见的体验。如果在这严重应激的时期得到及时的支持和疏导，那么失恋者将会化痛苦为力量，并将其转向学习和工作之中；相反，则可能出现忧郁、自杀或报复等不良情绪和行为。

香港中文大学心理专家林孟平博士告诉我们要这样对待失恋。他说："在爱情路上并非总是马到成功，很多人都会经历失恋。失恋不一定是不好的事，它可能帮你避免了未来的悲剧与更多的伤痛，也使你对自己有更清楚的认识，对你的人生起到正面的作用。失恋的处理，是一个非常有意义的学习过程。"

林孟平博士认为，当爱情不在要分手时，可以参考以下要点。

第一，你要认识到，失恋时伤心难过是难免的。尤其是男性，不要否认、压抑自己的情绪。人们常说：男子汉大丈夫，流血不流泪。但就是因为男性不容易面对自己的失败，该哭时不哭，有人就长久地被情感折磨着，损耗自己的生命。失恋了，就痛痛快快哭，这种哀伤是需要一定的时间和措施去处理的。

第二，分手要选择适当的时间提出。曾经有一个失恋的男大学生，他和女朋友当天晚上仍有约会，女朋友什么都没说，回到宿舍却打电话来说分手，第二天他就要大考，而且事先没有任何信号，所以他一下就崩溃了。因此，假如你要和对方分手，千万不要这么残酷。

第三，分手之前要有周详的考虑，尽量给对方一些准备的信号，让对方有充分的时间进行心理的适应并参与决定。单方面决定就宣布，对对方来说是不公平的。

第四，主动提出分手的一方，要勇敢地面对，不可逃避责任。不要说"我们从来就没有爱过"来自欺欺人，这是非常不负责的，会让对方受到的伤害更重。

第五，在顾及对方感受和尊严的情况下，真诚地、具体地讲出为什么要分手。不过千万不要用批评的态度，不要把对方的毛病都挑出来，比如说"你就是没有男子气""我忍受不了一个女孩这么主观，说话这么凶"。分手时，仍要尊重和体谅对方。

第六，既然做了决定，不要出尔反尔，行动不要拖泥带水。有些人喜欢说："我虽然不再是你的恋人，还可以做你的哥哥"，这将会使痛苦延续下去，而且反映了他们的优柔寡断和不成熟。

第七，被动的一方，不要拒绝沟通。比如有些人，在对方提出分手时就说："我不听"，电话也不接，想以此逃避。这是非常不成熟的做法。相反地，要勇敢地争取机会做坦诚的讨论。被动的一方，不要死缠烂打，这样会令对方变得更加讨厌自己，使自己更加难受与痛苦。

第八，被动的一方不可以意气用事。有些人“自尊”过高了，就要示威，比如：昨天女朋友刚提出分手，今天他就要找个更漂亮的、大家都追求的女孩子，表示自己没有受伤，“你看，你不要我，我找的新女朋友比你更漂亮！”其实这种行为非常幼稚，于事无补，还会给自己带来更多的伤害。

第九，被动的一方千万不要因此自卑，失恋只是生命中碰到的一个失败，不要以偏概全，把自己整个否定了。在感情上受伤，很容易自暴自弃。

第十，分手的初期最好不要见面，见面时，情绪就容易被挑起来。如果是在一个教室上课，要尽量找看不见对方的角落。倘若自己主动找机会去“见”对方，实在是折磨自己。短期的退隐行为可以接纳。比如：你是学校学生社团的负责人，你失恋以后可以告诉社员，最近两三个星期你暂时不来。我们要承认自己在一个很大的情绪创伤中，需要休息，需要冷静。但退隐时间不能很长，要尽快调整好自己的情绪，重新站起来。

大学生要提高恋爱受挫能力，首先要学会“问题定向性应付”，即在爱情受挫后，用理智来驾驭感情，冷静、客观地分析原因，进而总结经验教训，提高自己的心理承受力和思想水平。认识到爱情只是生活的一部分，而非全部，学业、事业才是获得价值感的主源泉。其次学会“情绪定向性应付”，即通过适当的情绪宣泄和调节来减轻痛苦。例如运动、旅游等。

6. 需要处理好的几种关系

一是恋爱与学习的关系。真正的爱情能够唤醒双方内心沉睡的力量和潜藏的才能，因为它不但可以丰富人的社会性需求，强化人的归属感，而且更能促进人的自我价值的实现，从而促进学业的进步。大学生正确处理恋爱的关系应该：首先把学习放在第一位，特别是在当前社会竞争日趋激烈，就业形势日益严峻的情况下，更要把学习作为大学的主要任务；其次要树立正确的恋爱观，不要因为精神空虚或贪图虚荣而一时冲动，平时可多参加一些健康有益的校园文化活动，丰富自己的精神文化生活，在锻炼能力、展示自我的同时也能从一定程度上满足对情感的需要；最后，恋爱要建立在互敬互重的基础上，恋爱双方应该在学习上互相帮助，工作上互相支持，相互促进，共同进步。

二是恋爱与关心集体的关系。恋爱中的男女青年不应把自己禁锢在两个人的世界中，如果出双入对，脱离集体，就会限制交往的范围，妨碍自身的发展进步，不利于优化个性以及社会适应能力的提高。

三是恋爱与关爱他人和社会的关系。爱的情感是与道德责任结合在一起，只有以高尚道德作为基础，才能获得真正的爱情。要使爱情健康地发展下去，必须珍惜恋爱过程中爱情的道德价值，遵循恋爱的道德要求。

五、个人品德

习惯使我们顺从一切。　　——伯顿

治外物易，治己身难。　　——林慎思

高行微言，所以修身。　　——黄石公

国之本在家，家之本在身。　　——孟子

富贵不傲物，贫贱不易行。　　——晏子

少成若天性，习惯如自然。　　——班固

养身者忘家，养志者忘身。　　——韩婴

修其本而末自应。　　——苏轼

正己而不求于人。　　——礼记

富润屋，德润身。　　——礼记

（一）个人品德及其作用

个人品德是通过社会道德教育和个人自觉的道德修养所形成的稳定的心理状态和行为习惯。集中体现了道德认知、道德情感、道德意志、道德信念和道德行为的内在统一。个人品德对道德和法律作用的发挥具有重要的推动作用。个人品德是道德和法律作用发挥的推动力量。社会道德和法律要求只有内化为个人品德，才能成为现实的规范力量。同时，个人品德提升的过程也是能动地作用于社会道德和法律的过程，它能够为社会道德和法律的发展进步创造条件、提供动力。

个人品德是个体人格完善的重要标志。在个人的素质结构中，个人品德是一个非常重要的组成部分，才智等其他素质的完善和成就，也离不开品德力量的支持。个人品德是经济社会发展进程中重要的主体精神力量。社会是由通过各种不同的社会关系联结起来的社会成员组成的，社会道德状况也是由相互影响的每个社会成员的个人品德体现出来的。

大学生要自觉践行爱国奉献、明礼守法、厚德仁爱、正直善良、勤劳勇敢等个人品德要求，不断提升个人的道德修养和境界。

（二）提高道德修养的正确方法

道德修养是指个体自觉地将一定社会的道德规范、准则及要求内化为内在的道德品质，以促进人格的自我陶冶、自我培育和自我完善的实践过程。提高个人道德修养的正确方法包括：学思并重，省察克治，慎独自律，知行合一。积善成德，不矜细行，终累大德。

（三）锤炼高尚道德品格

习近平主席说："道德建设，重要的是激发人们形成善良的道德意愿、道德情感，培育正确的道德判断和道德责任，提高道德实践能力尤其是自觉践行能力"。

面对世界的深刻复杂变化，大学生应注重增强道德判断能力，学会理性地辨析、讲求道德，形成正确的道德认知和道德观念。激发正向的道德认同和道德情感，具体而言就是要自觉涵育对家庭成员的亲亲之情，对他人、集体的关心关爱，增强社会责任感、国家认同感、民族归属感、时代使命感，在与祖国同呼吸、与民族同步伐、与人民心连心的高尚情怀中，陶冶道德情操。强化坚定的道德意志和道德信念，道德意志和道德信念是人们在践履道德原则、规范的过程中表现出的自觉克服一切困难和障碍的毅力，通过道德意志和信念的坚守，道德行为才能体现出恒久性。

第四节 向上向善、知行合一

一、向道德模范学习

课程导入：

2005年5月7日24时，一名歹徒在大连市金州区持枪威逼出租车司机张彦军开车将其送往沈阳市。面对歹徒的枪口，张彦军沉着冷静地与歹徒巧妙周旋。途中，歹徒几次欲抢劫财物和车辆、伤害过往的群众，都被张彦军设法阻止了。8日凌晨两点，车行至普兰店供销大厦旁边烧烤店。张彦军趁买食物的机会，将被劫持的情况迅速告诉了店主，请求配合。张彦军拿了瓶矿泉水上车后，让歹徒帮忙把钱递给老板。趁歹徒递钱的工夫，张彦军猛地转身用双手死死按住扳机护圈。歹徒用力拽枪，但张彦军死死地钳住不松手，在老板和两名顾客协助下，将枪夺下，歹徒逃跑。清晨六点，警察在网吧内将歹徒缉捕归案。

经审讯，这名歹徒因为个人性格和工作不顺等原因，导致心理畸形，持一支半自动步枪和六发子弹，实施报复社会的行为。如果没有张彦军的机智和英勇，后果不堪设想。

见义勇为书传奇，奋不顾身显美德。2006 年张彦军被中宣部、中央综治办、公安部和中华见义勇为基金会联合命名为“全国见义勇为英雄”，之后还他还获得了“辽宁省道德模范”“全国道德模范提名奖”等荣誉称号。这位英雄“的哥”赢得了全国人民的支持和敬意。

（出自《向英雄“的哥”致敬》盘锦日报 2014.12.29 第 002 版）

讨论：案例中的人物对你有什么启示？

道德模范主要是指思想和行为能够激励人们不断向善且为人们所崇敬、模仿的先进人物。“纸上得来终觉浅，绝知此事要躬行。”高尚道德品格的形成重在实践，贵在坚持。崇尚道德模范，学习道德模范，是时代的呼声，是群众的心声。

大学生投身道德实践，就要向道德模范学习，大学生如何向道德模范学习？学习道德模范助人为乐、关爱他人的高尚情怀，在关心他人、帮助他人的过程中创造人生价值。学习他们见义勇为、勇于担当的无畏精神，在危难和考验关头挺身而出。学习他们以诚待人、守信践诺的崇高品格，老老实实做人、踏踏实实做事。学习他们敬业奉献、勤勉做事的职业操守，干一行爱一行，钻一行精一行。学习他们孝老爱亲、血脉相依的至美真情，常怀感恩之心、敬爱之情。

大学生要时时处处以道德模范为榜样，多做好事，多办实事，在公共场所、邻里相处、行路驾车、外出旅游等不同的场合做到崇德守礼，遵规守法，养成良好的道德习惯。培养志愿服务精神，大力弘扬时代新风，强化社会责任意识、规则意识、奉献意识。大学生要向道德模范学习，崇德向善，见贤思齐，弘扬真善美，传播正能量。

学习道德模范的高尚品格和先进事迹，有利于提升全体社会成员的道德素质和社会整体道德水平。

二、参与志愿服务活动

2008 年，奥运会帆船比赛、残疾人奥运会帆船比赛期间，13 760 名志愿者的微笑服务、无私奉献赢得运动员、竞赛官员和游客的交口称赞。2014 年，世界园艺博览会期间，7000 余名志愿者用全身投入、激情奉献向海内外游客展示了青岛的文明形象。日常生活中，尤其是一次次大活动，志愿者和他们所从事的志愿服务，赢得了全社会的尊敬和赞扬，成为岛城一道动人的风景。

（出自《他们的微笑，是最美的“名片”》青岛日报 2018.05.21 第 001 版）

志愿服务指志愿贡献个人的时间及精力，在不求任何物质报酬的情况下，为改善社会、促进社会进步而提供的服务。志愿服务是培育和弘扬社会主义核心价值观的重要载体。

志愿服务的精神是奉献、友爱、互助、进步。其中，奉献精神是精髓。奉献精神具有自律特征。奉献具有一定的层次性。奉献既表现为在国家和人民需要的关键时刻挺身而出、见义勇为，也融汇和渗透在人们日常的工作和生活中。

大学生要积极投身志愿服务活动。大学生应带头学雷锋，做雷锋精神的种子，把雷锋精神广播在祖国大地上；积极参加志愿服务活动，在深入社会、体察民情、关爱他人、奉献社会的道德实践中感受善的力量，以实际行动书写新时代的雷锋故事，为实现中国梦有一分热发一分光。志愿服务已经成为大学生参与社会实践、成长成才的重要舞台，成为大学生关爱他人、传播青春正能量的重要途径。

三、引领社会风尚

良好的社会风尚是人们在社会道德实践中逐渐形成起来的。大学生投身崇德向善的道德实践，要弘扬真善美、贬斥假恶丑，做社会主义道德的示范者和引领者，促成知荣辱、讲正气、作奉献、促和谐的社会风尚。

知荣辱，荣辱观对个人的思想行为具有鲜明的动力、导向和调节作用。社会风尚同荣辱观紧密相连，两者相互影响，相互作用。社会有什么样的荣辱观，也必然有什么样的社会风尚；反过来，一个社会有什么样的社会风尚，生活在其中的人们也就会形成什么样的荣辱观。大学生应以正确的荣辱观为指导，坚定正确的行为导向，产生正确的价值激励，助推全社会形成知荣明辱的良好道德风尚。

讲正气，就是坚持真理，坚持原则，坚持同一切歪风邪气作斗争。大学生须有一腔浩然正气，才能无所畏惧地前进，才能不屈不挠地为国家、为社会建功立业。要做到讲正气，在日常生活中就要洁身自好，严于律己，自觉远离低级趣味。积极维护社会公共秩序，抵制歪风邪气，敢于伸张正义、见义勇为，坚决同践踏社会道德风尚的一切行为作斗争。

作奉献，奉献精神是社会责任感的集中表现。奉献精神传递社会温暖，能够拉近人与人之间的距离，建立和谐的人际关系和稳定的社会秩序，促进社会健康有序地发展。选择奉献也就选择了高尚。“德厚者流光”，大学生要在奉献社会中积极发光发热，使我们的社会更加美好和幸福。

促和谐，民主法治、公平正义、诚信友爱、充满活力、安定有序，人与自然和谐相处的社会，是国家富强、民族复兴、人民幸福的重要保证。对于大学生来说，促和谐就是要促进自我身心的和谐、个人与他人的和谐、个人与社会的和谐、人与自然的和谐等。大学生要用和谐的态度对待人生实践，使崇尚和谐、维护和谐内化为自己的思想意识和行为习惯，推动人与人之间、人与社会之间融洽相处，实现人与自然之间的友好共生。

本章测试题

一、单项选择题

1. 在人与人之间关系的层面上，社会公德主要体现为(　　)。

A. 不妨碍他人　　B. 助人为乐　　C. 尊重他人　　D. 举止文明

2. 在人与社会之间关系的层面上，社会公德主要体现为(　　)。

A. 保护环境　　B. 维护公共秩序

C. 爱护公物　　D. 维护公共秩序

3. 陶行知先生说：“爱之酒，甜而苦。两人喝是甘露，三人喝是酸醋，随便喝，要中毒。”这体现了爱情的(　　)。

A. 生物本能性　　B. 专一排他性

C. 平等互爱性　　D. 强烈持久性

4. 人们在公共生活中应该团结友爱、相互关心、相互帮助、见义勇为。这是社会公德中(　　)。

A. 遵纪守法的要求　　B. 助人为乐的要求

C. 文明礼貌的要求　　D. 保护环境的要求

5. 人们称由一定的规则维系的人们公共生活的一种有序化状态是(　　)。

A. 公共生活　　B. 公共秩序　　C. 公共场所　　D. 公共领域

6. 下列选项中，属于家庭美德基本要求的是(　　)。

A. 诚实守信　　B. 保护环境　　C. 夫妻和睦　　D. 平等尊重

7. 遵守职业道德是对每个从业人员的要求。从业人员在职业工作中慎待诺言、表里如一、言行一致、遵守劳动纪律，这是职业道德中(　　)。

A. 办事公道的基本要求　　B. 爱岗敬业的基本要求

C. 诚实守信的基本要求　　D. 服务群众的基本要求

8. 个人依据一定的道德原则规范行动时所表现出来的稳定的倾向和特征，称为(　　)。

A. 社会公德　　B. 个人品德　　C. 职业道德　　D. 家庭美德

9. 人们在社会生活中形成和应当遵守的最简单、最起码的公共生活准则是(　　)。

A. 社会公德　　B. 职业道德　　C. 家庭道德　　D. 生活道德

10. 一人有难，众人相帮；一方有难，八方支援。这是中华民族的传统美德，也是我们社会中人与人之间的交往应遵循的(　　)。

A. 平等原则　　B. 宽容原则　　C. 互助原则　　D. 真诚原则

二、判断题

1. 在生产力不发达的历史时期，人们交往往往是在“熟人社会”中活动。(　　)

2. 当今社会，公共生活领域更像一个“陌生人社会”。(　　)

3. 在人与自然之间的关系上，社会公德主要体现在热爱自然、爱护公物上。(　　)

4. 举行集会、游行、示威，必须有负责人。(　　)

5. 网络是虚拟的，无所谓道德。(　　)

6. 爱情具有双重属性，即自然和社会属性，爱情的本质是由它们共同决定的。(　　)

7. 自然属性是婚姻家庭的本质。(　　)

8. 机动车之间发生交通事故，由有过错的一方承担赔偿责任。(　　)

9. 遵纪守法是社会公德的最基本要求。(　　)

10. 社会公德是社会交往和公共生活中应当遵守的最基本的道德规范。(　　)

热点问答与解析

1. 如何走出“扶人被讹”的困境?

如何让这样的事件不再发生,对于“扶人被讹”事件,当地警方不应该以老人年老,事件很小,不值得处罚就对事件进行简单的处理,对这一事件警方的处理要做到维护法纪的尊严,维护社会主义精神文明建设所取得的成果。

如果说在这类事件中还没有相关的制度作保障,那就请相关的执法部门及早制定并落实这一违法责任的条款,让跌倒扶不起的事件不再发生。对于讹诈行为,一千次的批评教育、一万次的道义谴责,也不如一次实实在在的处罚。否则,谁还敢做好人、做好事?道德又岂能不滑坡,人心又怎能不日益冷漠?只有从法律层面作出硬性规定,让那些诬陷他人之人付出的违法成本代价远远大于其所可能获得的预期收益,才会使他们自尊自重、自醒自警。也唯有如此,讹诈诬陷行为才能彻底得到根治和铲除,友善为人、热情待人、乐于助人的价值观才会得到人们的尊崇坚守和弘扬发展。

(出自《人民代表报》2015.07.30 第006版)

2. 从个人角度看大学生道德滑坡的原因是什么?

应试教育体制下,小学、初中、高中学校重智育轻德育,学生只注重自己的学习成绩,忽视素质养成,自身不礼貌、不文明等不良习惯延续到了大学。而大学处于学生人生观、世界观、价值观、道德观形成的关键时期,由于其心智发育还不成熟,判断能力欠缺,是非、黑白概念容易被误导,不少学生没经历过大的挫折和苦难,压力较小,比较懒惰,花钱大手大脚没有危机意识,缺乏对人生的思考;并且具有叛逆从众的心理,好奇心比较重,对家长、老师的教导不屑一顾,甚至反叛,极容易随大流迷失自己;自我控制能力不强使得大学生在面对诱惑时,没有抵抗力,从而做出违背道德之事。大学生还没有真正步入社会,社会经验欠缺,外界的不良影响,以及自身存在的特点和不足,使得他们不能准确分辨善与恶,去做道德界限以内的事。

(出自:《大学生道德滑坡的原因及对策分析》王迎雪)

教学参考资料与延伸阅读

[1]　(美)艾·弗洛姆. 爱的艺术[M]. 上海：上海译文出版社，2011.
[2]　(美)盖瑞·查普曼. 爱的五种语言[M]. 北京：中国轻工业出版社，2006.
[3]　(美)亚龙. 爱情刽子手[M]. 太原：希望出版社，2008.
[4]　张玲. 当代学校心理健康指导[M]. 北京：教育科学出版社，2010.
[5]　武志红. 为何爱会伤人[M]. 北京：北京联合出版公司，2012.
[6]　龚亮. 以核心价值观引领道德风尚：近年来我国推进公民道德建设综述之一[N]. 光明日报，2015年10月09日03版.
[7]　中共中央文献研究室. 习近平关于社会主义文化建设论述摘编[M]. 北京：中央文献出版社，2017.

第六章　遵法学法守法用法

教学目的与要求

通过本章内容的学习，学生能够准确把握法律的含义、历史发展；全面了解社会主义法律的本质特征和运行机制；了解我国宪法的形成和发展，掌握我国宪法确立的基本原则和制度，了解各个法律部门的基本功能和原则，让学生懂得遵循正确的程序实施法律行为，懂得通过法定程序解决法律纠纷。从整体上把握中国特色社会主义法律体系和法治体系，深刻理解中国特色社会主义法律体系和法治体系的主要内容，准确把握全面依法治国的基本格局，提升大学生法律素质，增强建设法治国家的使命感。牢固树立正确的法治观念，准确把握坚持走中国特色社会主义法治道路的“五个坚持”；培养社会主义法治思维方式，自觉维护社会主义法律权威；使学生养成心中有法、自觉守法、遇事找法、解决问题用法、化解矛盾靠法的良好习惯，使学生成为具有较高法律素质的社会主义事业建设者和接班人。准确把握法律权利和法律义务的内涵，了解我国宪法规定的公民基本权利与义务，引导大学生树立正确的权利义务观，妥善处理学习、生活中遇到的法律问题和各种矛盾，不断提高自己的法律素质。

教学重点与难点

1. 我国社会主义法律的本质特征和运行机制。
2. 宪法的地位、基本原则和制度。
3. 以宪法为统帅的中国特色社会主义法律体系的构成和功能。
4. 中国特色社会主义法治体系的重大意义和主要内容。
5. 全面依法治国的基本格局。
6. 走中国特色社会主义法治道路的“五个坚持”。
7. 法治思维的内涵和基本内容。

8．尊重和维护法律权威的重要意义和基本要求。

9．法律权利和法律义务的含义及其关系。

10．我国宪法和法律赋予公民的法律权利和法律义务。

☞ 学时安排

8课时

☞ 教学内容

近日，重庆男子皮某擅自在微信朋友圈上发布柳某照片，称柳某“破坏别人家庭就该夹起尾巴做人”“接受高等教育的人到头来当小三，真是给你祖宗十八代都蒙羞！”。法院经审理后，判决皮某删除微信朋友圈中的不当言论，赔偿柳某精神损害抚慰金1000元，同时在微信朋友圈发表道歉声明。

根据刑法规定，编造虚假的险情、疫情、灾情、警情，在信息网络或者其他媒体上传播，或者明知是上述虚假信息而传播的，最高可判处七年有期徒刑。即便情节不太严重，社会危害性不大，行为人也可能构成治安违法，应受行政处罚。而通过朋友圈辱骂他人，显然构成侮辱，可处10日拘留，并处500元罚款。网络并非脱离于现实社会的虚拟空间，而是人们从事生产生活的工具，每一个网络账号背后都有一个具体的人。人们通过网络发布的内容必须经得起法律的检验，不得侵害他人权利和公序良俗。

发微信朋友圈骂人的判决结果显然树立了一个标杆，即受众相对较少的微信朋友圈依然不是法外之地，发布不当内容也应承担法律责任。这理应成为网民皆知的常识，在人人都持麦克风、人人都是“发言人”的自媒体时代，通过网络发布有关内容理当谨言慎行，不侮辱他人、不造谣传谣，否则就要承担法律责任。

（出自《中国青年报》2019年08月06日02版）

思考：谈谈你对在生活中违法犯罪的认识？

大学生既要具备良好的思想道德素质，也应该具备相应的法律素质。学习和掌握法律知识，增强法律意识，提高运用法律的能力，是培养大学生法律素质的基本内容。

第一节　社会主义法律的特征和运行

一、法律及其历史发展

(一) 法律的含义

中文法字，在西周金文中写作“灋”，与其他汉字一样，是一个绝妙的意象丰富的象形文字。汉代许慎《说文解字》说：“灋，刑也。平之如水，故从水；廌所以触不直者去之，从去。”灋由三部分组成：氵、廌、去。氵，平坦之如水，一说比喻法像水一样平，是为公平、公正；一说将人犯置于水面漂去。廌(音 zhi)，神兽。《说文解字》说：“解廌，兽也。似山羊一角。古者决讼，令触不直。象形从豸者。凡廌之属，皆从廌。”《后汉书·舆服志》说：“獬豸神羊，能别曲直。”在这里，廌为图腾动物，一角之圣兽，代表正直、正义、公正，或说是正义之神(性直恶曲)，具有审判功能、职能，能为人分清是非曲直、对错，助狱为验。去，“人相违也”。去即对不公正行为的惩罚。一说判决把人驱逐出去，从原来的部落、氏族中驱逐出去，于水上漂去(古代之流刑)，或交由神明判决，由神兽“触不直者去之。”

由此可知，第一，法是一种判断是非曲直、惩治邪恶的行为规范，是正义的、公平的。第二，法律是一种活动，是当人们相互间发生争执无法解决时，由廌公平裁判的一种审判活动；是当人们的行为不端、不公正时，由圣兽行使处罚的惩罚活动。第三，法律的产生、实施离不开廌这一圣兽，它是社会权威力量的代名词，是社会强制力的代表，没有圣兽作为切实保障机制，法律没有神圣性，无法发挥出它的功能、威力。

不同的社会发展时期有不同的法律规定。法律是由国家制定或认可并依靠国家强制力保证实施的，反映由特定社会物质生活条件所决定的统治阶级意志，规定权利和义务，以确认、保护和发展有利于统治阶级的社会关系和社会秩序为目的的行为规范体系。法律是统治阶级意志的体现。

讨论： 我国的法律体现了谁的意志？

法律是统治阶级意志的体现，我国是人民当家做主的社会主义国家，我国的法律是社会主义性质的法律，是为了维护人民的利益，体现了人民的意志。从法律所体现的意志来看，我国社会主义法律是工人阶级领导下的广大人民意志的体现。

（二）法律的历史发展

法律不是从来就有的，也不是永恒存在的。它随着私有制、阶级和国家的产生而产生，也将随着私有制、阶级和国家的消亡而消亡。法律作为上层建筑的重要组成部分，其基本内容和性质总是与所在社会的生产关系相适应。奴隶制法律、封建制法律、资本主义法律都是建立在私有制经济基础上的剥削阶级类型法律，而社会主义法律是人类历史上唯一以公有制为基础的新型法律制度。

奴隶制法律。在奴隶制社会的经济结构中，奴隶主阶级占有生产资料，同时也占有作为生产劳动者的奴隶。因此，奴隶制法律是奴隶主阶级专政的国家意志的表现，是奴隶主阶级对广大奴隶实行统治的工具。奴隶制法律通常采用最极端的经济剥削和政治压迫的方式，其主要特征有：一是具有明显的原始习惯残留痕迹；二是否认奴隶的法律人格；三是存在严格的等级划分；四是刑罚方式极其残酷。

封建制法律。封建社会是以农业为基础的自然经济占主导地位的社会。在封建社会的经济结构中，封建地主阶级占有生产资料，同时不完全占有作为生产劳动者的农奴或农民。封建制法律是封建地主阶级意志的体现，是统治农民阶级的工具，维护封建地主阶级的共同利益。封建制法律的基本特征有：一是确立农民对封建地主的人身依附关系；二是实行封建等级制度；三是维护专制皇权；四是刑罚严酷。

资本主义法律。资本主义法律是资产阶级共同意志的体现，是统治工人阶级和其他劳动人民的工具，其根本任务是维护资产阶级的政治、经济和社会秩序。资本主义法律规定的自由、民主、平等等价值原则是形式上的，归根结底是维护资产阶级根本利益，所以属于剥削阶级类型的法律。资本主义法律的基本特征主要体现为四个原则：一是与资本主义私有制相适应的私有财产神圣不可侵犯原则；二是与资本主义市场经济相适应的契约自由原则；三是与资本主义民主政治相适应的法律面前人人平等原则；四是与资产阶级人道主义相适应的人权保障原则。

社会主义法律。社会主义法律是新型的法律制度，有着与以往剥削阶级类型法律制度不同的经济基础与阶级本质。社会主义法律以公有制为经济基础，保障全体劳动者共同占有生产资料，通过解放生产力和发展生产力来推动社会物质财富和精神财富的日益丰富，从而实现人的全面发展和全体社会成员的共同富裕。社会主义法律是最广大人民群众意志的集中体现，是实现人民当家做主、实行人民民主专政的重要保证。社会主义法律反映了社会主义生产关系的本质要求，为实现普遍意义的平等、自由奠定了坚实基础，开辟了广阔空间，实现了对历史上各种类型法律制度的超越。

二、我国社会主义法律的本质特征

案例：

夫妻债务“共债共签”原则拟写入民法典婚姻家庭编。2019 年 6 月 25 日，十三届全国人大常委会第十一次会议二审民法典婚姻家庭编草案，对比此前的一审稿，二审稿新增了婚姻法第 24 条新司法解释的相关内容。

现行婚姻法没有具体规定婚姻关系存续期间有关夫妻债务的认定。2003 年最高法出台婚姻法司法解释(二)，其中第 24 条近年来引发了较大争议，一度成为社会关注的热点问题，全国人大常委会法工委收到大量来信。2017 年 12 月，法工委与最高法有关部门沟通研究，推动解决有关问题。2018 年 1 月，最高法发布了《关于审理涉及夫妻债务纠纷案件适用法律有关问题的解释》(即第 24 条新司法解释)，修改了此前司法解释关于夫妻债务认定的规定。

不过，2018 年 8 月，十三届全国人大常委会第五次会议初次审议民法典婚姻家庭编草案时，并没有写入第 24 条新司法解释。全国人大宪法和法律委员会相关负责人当时解释说，考虑到新司法解释刚出台不久，需要观察评估，因而草案维持了现行婚姻法的有关内容。对此，分组审议时，不少全国人大常委会委员提出，应该吸纳“第二十四条”新司法解释中的“共债共签”原则等内容。委员邓丽当时就表示，“第二十四条”新司法解释出台后，多起案件中的债权人提出了撤诉申请，司法解释也受到了各界的欢迎，“从实际效果来看，这种比较成功的司法实践内容，建议还是把它吸纳到婚姻家庭编里。”

相隔 10 个月，此番十三届全国人大常委会第十一次会议二审民法典婚姻家庭编草案，二审稿增加了第 24 条新司法解释的相关内容：夫妻双方共同签字或者夫妻一方事后追认等共同意思表示所负的债务，以及夫妻一方在婚姻关系存续期间以个人名义为家庭日常生活需要所负的债务，应当认定为夫妻共同债务；夫妻一方在婚姻关系存续期间以个人名义超出家庭日常生活需要所负的债务，不属于夫妻共同债务，但是债权人能够证明该债务用于夫妻共同生活、共同生产经营或者基于夫妻双方共同意思表示的除外。

（出自《新京报》2019 年 6 月 25 日）

从本质上说，我国社会主义法律是中国特色社会主义制度的重要组成部分，是党领导人民当家做主的制度保障。我国社会主义法律体现了党的主张和人民意志的统一。我国社会主义法律既有鲜明的阶级性，又具有广泛的人民性，体现了阶级性与人民性的统一。

社会主义法律维护人民的根本利益，巩固中国共产党的领导地位，体现了党的主张和人民意志的统一。党领导人民指定宪法法律，党自身必须在宪法法律范围内活动，这就是党的领导力量的体现，也是我国社会主义法律最本质特征的具体表现。

我国社会主义法律具有科学性和先进性。从本质上说，我国社会主义法律更能尊重和反映社会发展规律，具有科学性和先进性。

我国社会主义法律是中国特色社会主义建设的重要保障。我国法律的社会作用体现了社会主义的本质要求，经济发展、政治清明、文化昌盛、社会公正、生态良好，都离不开社会主义法律的引领、规范和保障。

三、我国社会主义法律的运行

案例：

在编纂民法典的背景下，婚姻家庭编中如何规定法定婚龄备受注目。目前，婚姻家庭编草案二审稿中规定，“结婚年龄，男不得早于二十二周岁，女不得早于二十周岁”，延续了婚姻法的规定。山东大学法学院教授王丽萍认为，二审稿中对法定婚龄的规定依然过高，应当适当降低，建议规定“结婚年龄，男不得早于二十周岁，女不得早于十八周岁”。

说实话，这个看似犀利的观点并不新鲜。早在 2012 年，全国人大代表黄细花就提交议案，认为应将法定结婚年龄下降到 18 周岁。在全国“两会”上，代表和委员都有类似提议。至于降低法定结婚年龄的理由，可以说五花八门，包括我国关于法定婚龄的规定偏高，我国人口政策已作出调整，妇女、儿童权益需要保护，等等。

其实，这些理由都还值得商榷。不可否认，我国是世界上法定结婚年龄最高的国家之一，但这并不意味着不合适，非得照搬照抄其他国家的做法。从

1950 年婚姻法“男二十岁，女十八岁，始得结婚”，到 1980 年婚姻法“结婚年龄，男不得早于二十二周岁，女不得早于二十周岁”，我国法定结婚年龄的提高，固然有着计划生育时代的深刻烙印，却也顺应了教育层次提升、人口素质优化的趋势，具有一定的合理性。

客观来说，与改革开放之初相比，我国人口政策发生了较大的改变。考虑到从“十二五”以来人口总量增长的势头大幅放缓，劳动年龄人口和育龄妇女明显减少，社会老龄化程度加剧，群众生育意愿发生重大转变等客观情况，我国相继出台“单独二孩”“全面二孩”等重大生育政策，从控制数量为主转向促进人口长期均衡发展。问题是，降低法定婚龄就能解决生育意愿偏低、人口老龄化等老大难问题吗？取消鼓励晚婚晚育的法律规定，就一定能实现早婚早育的目标吗？早早领到一张结婚证，就一定能保护好妇女和儿童权益吗？

不妨看一个例子，北欧国家瑞典，法定结婚年龄是男 21 岁，女 18 岁，看上去和某些专家呼吁的差不多。但是，据有关统计，瑞典单身独居的比例高达 51%，在首都斯德哥尔摩，甚至超过 60%，人们的平均初婚年龄在 35 岁左右。前段时间，《新京报》在微博发起话题投票，调查结果显示，在 66.2 万参与者中，其中 14.2 万人赞同将法定婚龄调至 18 岁，42.9 万表示不赞同，暂不表态的有 9 万人。也就是说，反对者占绝大多数。在这样几乎一边倒的民意现状下，主张降低法定结婚年龄，有违民意。

降低法定结婚年龄的倡议，之所以未能“一呼百应”，主要还是与现实情况格格不入。虽说从生理上看，18 岁已经成人，但这个年龄的人多半还在上高三，这个时候就结婚，正如网友质疑的那样，“会不会助长孩子在高一高二就谈恋爱、高三一毕业就结婚?”“早婚后生下的宝宝谁带?”“带宝宝怎么上大学?”“奶粉尿不湿谁买?”退一步说，就算人们响应早婚早育，我们社会做好迎接生育潮的准备了吗？从之前的二孩政策来看，许多辅助配套措施，还远未达到理想程度。

降低养育成本，提高社会保障，这些实在管用的措施到位了，远比反对晚婚晚育的大嗓门更有效。所以，降低法定结婚年龄，还是谨慎缓进的好。

（出自《中国青年报》2019 年 08 月 06 日 02 版）

法律的运行是一个从创制、实施到实现的过程。这个过程主要包括法律制定、法律执行、法律适用、法律遵守等环节。法律制定是国家对权利和义务，即社会利益和负担进行的权威性分配；法律的执行、适用、遵守则是把法律规范转化为法律实践，把法定的权利和义务转化为现实的权利和义务。我国社会主义法律的运行具有鲜明的中国特色。

（一）法律制定

法律制定是指有立法权的国家机关，依照法定职权和程序、制定规范性法律文件的活动，是法律运行的起始性和关键性环节。根据宪法规定，全国人民代表大会及其常务委员会行使国家立法权，负责宪法和法律的制定、修改、废止和解释工作。国务院有权根据宪法和法律制定行政法规。中央军委有权根据宪法和法律制定军事法规。国务院各部门可以根据宪法、法律和行政法规，在本部门的权限范围内，制定部门规章。省、自治区、直辖市的人民代表大会及其常委会根据本行政区域的具体情况和实际需要，在不与宪法、法律和行政法规相抵触的前提下，可以制定地方性法规。设区的市的人民代表大会及其常委会根据本市的具体情况和实际需要，在不与宪法、法律、行政法规和本省、自治区的地方性法规相抵触的前提下，可以制定地方性法规，报省、自治区的人民代表大会常委会批准后施行。省、自治区、直辖市、设区的市的人民政府可以根据法律、行政法规和本省、自治区、直辖市的地方性法规，制定地方政府规章。自治区、自治州、自治县的人民代表大会可以根据当地民族的具体情况制定自治条例和单行条例。特别行政区立法机关有权根据特别行政区基本法自主地制定本行政区的法律。我国立法贯穿公正、公平、公开原则，坚持科学立法、民主立法、依法立法，表达人民的共同意志和诉求。立法活动必须遵循法定程序，就全国人民代表大会的立法程序而言，大体包括法律案的提出、法律案的审议、法律案的表决和法律的公布四个环节。

（二）法律执行

在广义上，法律执行是指国家机关及其公职人员，在国家和公共事务管理中依照法定职权和程序，贯彻和实施法律的活动。在狭义上，法律执行则是指国家行政机关执行法律的活动，也被称为行政执法。行政执法是法律实施和实现的重要环节，必须坚持合法性、合理性、信赖保护、效率等基本原则。我国大部分的法律法规都是由行政机关执行的，行政执法的主体通常是国家行政机关及其公职人员。我国行政执法的主体大体分为两类：一是中央和地方各级政府，包括国务院和地方各级人民政府；二是各级政府中享有执法权的下属行政机构。此外，法律授权的社会组织、行政机关依法委托的社会组织可以在一定范围内执行法律。

（三）法律适用

法律适用是指国家司法机关及其公职人员依照法定职权和程序适用法律处理案件的专门活动。在我国，司法机关是指国家审判机关和检察机关。人民法院代表国家行使审判权，人民检察院代表国家行使法律监督权。其他任何国家机关、社会组织和个人，不得行使国家司法权。人民法院和人民检察院根据法律法规公正司法，保护自然人、法人和其他组织的合法权利，解决法律纠纷，惩治违法犯罪行为，维护法律秩序。司法的基本要求是正确、合法、合理、及时。司法原则主要有：司法公正；公民在法律面前一律平等；以事实为依据，以法律为准绳；司法机关依法独立公正行使司法权等。

（四）法律遵守

法律遵守是指国家机关、社会组织和公民个人依照法律规定行使权力和权利以及履行职责和义务的活动。人们通常把守法仅仅理解为履行法律义务。其实，守法意味着一切组织和个人严格依法办事的活动和状态。依法办事，就是依法享有并行使权利、依法承担并履行义务。守法是法律实施和实现的基本途径。一切组织和个人都必须遵守宪法和法律，任何公民享有宪法和法律规定的权利，同时必须履行宪法和法律规定的义务。

第二节　以宪法为核心的中国特色社会主义法律体系

一、宪法是国家的根本法

（一）宪法的形成与发展

1949 年 10 月中华人民共和国成立后，第一届、第四届和第五届全国人民代表大会分别于 1954 年 9 月、1975 年 1 月、1978 年 3 月和 1982 年 12 月先后制定、颁布了四部《中华人民共和国宪法》。

1982 年 12 月 4 日，中华人民共和国第四部宪法在第五届全国人大第五次会议上正式通过并颁布。第四部宪法继承和发展了 1954 年宪法的基本原则，总结了中国社会主义发展的经验，并吸收了国际经验，是一部有中国特色、适应中国社会主义现代化建设需要的根本大法。它明确规定了中华人民共和国的政治制度、经济制度、公民的权利和义务、国家机构的设置和职责范围、今后国家的根本任务等。其根本特点是，规定了我国的根本制度和根本任务，确定了四项基本原则和改革开放的基本方针。它规定，全国各族人民和一切组织，都必须以宪法为根本的活动准则，任何组织或个人都不得有超越宪法和法律的特权。这部宪法分为序言和总纲，公民的基本权利和义务，国家机构，国旗、国歌、国徽、首都四个部分，共 4 章 138 条。

为了适应中国经济和社会的发展变化，全国人大分别于 1988 年 4 月、1993 年 3 月、1999 年 3 月、2004 年 3 月对这部宪法逐步进行了修改、完善。

1988 年 4 月 12 日，第七届全国人大一次会议通过的宪法修正案，对私营经济的地位、作用和国家对私营经济作了明确规定；对土地使用转让的问题作了补充规定。这是中国第一次采用宪法修正案的形式修改宪法。

1993 年 3 月 29 日，第八届全国人大第一次会议通过的宪法修正案，对原宪法作了 9 处修改，将“社会主义初级阶段”“建设有中国特色的社会主义的理论”“坚持改革开放”及“中国共产党领导的多党合作和政治协商制度”等写入了宪法；将“国营经济”修改为“国有经济”；将“国家在社会主义公有制基础上实行计划经济”修改为“国家实行社会主义市场经济”。修正案内容还涉及政协制度、县市级人民代表大会任期等。

1999 年 3 月 15 日，第九届全国人大二次会议再次通过宪法修正案，对原宪法作了 6 处修改，把邓小平理论的指导思想地位、依法治国的基本方略、国家现阶段的基本经济制度和分配制度以及非公有制经济的重要作用等写进了宪法。

2004 年 3 月 14 日，第十届全国人大二次会议通过宪法修正案，对原宪法作了修改。宪法修正案确立“三个代表”重要思想在国家政治和社会生活中的指导地位，增加推动物质文明、政治文明和精神文明协调发展的内容，在统一战线的表述中增加社会主义事业的建设者，完善土地征用制度，进一步明确国家对发展非公有制经济的方针，完善对私有财产保护的规定，增加建立健全社会保障制度的规定，增加尊重和保障人权的规定，完善全国人民代表大会组成的规定，作出关于紧急状态的规定，规定国家主席进行国事活动的职权，修改乡镇政权任期的规定，增加对国歌的规定等。

2018 年 3 月 11 日，第十三届全国人大一次会议第三次全体会议经投票表决，通过了《中华人民共和国宪法修正案》。

思考：从上述宪法的变化可以看出中国国情的哪些变化？

（二）我国宪法的地位

我国宪法是国家的根本法，是治国安邦的总章程，是党和人民意志的集中体现，也是国家各项制度和法律法规的总依据。宪法在中国特色社会主义法律体系中居于统帅地位。从上述宪法的变化可以看出我国经济在不断发展，体制在不断完善。宪法在国体和根本政治制度方面规定：人民民主专政是我国的国体。为了保证人民当家做主，我国宪法规定了人民代表大会制度这项根本政治制度。我国宪法确立的基本政治制度，主要有中国共产党领导的多党合作和政治协商制度、民族区域自治制度和基层群众自治制度。国家在社会主义初级阶段，坚持公有制为主体、多种所有制经济共同发展的基本经济制度，坚持按劳分配为主体、多种分配方式并存的分配制度。

（三）我国宪法的基本原则

1. 党的领导原则

中国共产党是中国特色社会主义事业的领导核心，党的领导是人民当家做主的根本保证。

2. 人民主权原则

主权是指国家的最高权力。人民主权是指国家中绝大多数人拥有国家的最高权力。人民当家做主是社会主义民主政治的本质和核心。

3. 人权保障原则

人权是指人作为人享有和应当享有的基本权利。我国宪法规定的公民基本权利，都是最重要的人权，包括公民有参与国家政治生活的权利和自由、公民的人身自由和信仰自由、公民在社会经济文化方面的权利等。

4. 民主集中制原则

民主集中制是集中全党全国人民集体智慧，实现科学决策、民主决策的基本原则和主要途径。我国宪法规定，中华人民共和国的国家机构实行民主集中制原则。国家权力统一由全国人民代表大会和地方各级人民代表大会行使，全国人民代表大会和地方各级人民代表大会由民主选举产生，对人民负责，受人民监督。广大人民的共同意志通过民主形式集中起来，并通过法定程序上升为国家意志。国家行政机关、审判机关、检察机关都由人民代表大会产生，对它负责，受它监督。中央和地方国家机构职权的划分及其活动，遵循在中央统一领导下，充分发挥地方的主动性、积极性的原则。

（四）我国宪法确立的制度

1. 国体和根本政治制度

中国宪法规定：中华人民共和国是工人阶级领导的、以工农联盟为基础的人民民主专政的社会主义国家。人民民主专政是我国的国体。与这种国体相适应的政权组织形式是人民代表大会制度。人民代表大会制度是中国社会主义民主政治最鲜明的特点，是人民当家做主的重要途径和最高实现形式，是社会主义政治文明的重要制度载体，是我国的根本政治制度。

2. 基本政治制度

中国共产党领导的多党合作和政治协商制度、民族区域自治制度以及基层群众自治制度等是基本政治制度。

中国共产党领导的多党合作和政治协商制度主要内容包括：中国共产党是执政党，是中国革命和建设事业的领导核心；各民主党派是参政党，与中国共产党长期共存、互相监督、肝胆相照、荣辱与共；人民政协是各民主党派、各人民团体和社会各方面代表人士组成的爱国统一战线组织，其基本职能是政治协商、民主监督和参政议政。

民族区域自治制度是指中国在少数民族聚居地方实行的一项重要的政治制度。民族自治地方设立自治机关，依照宪法和法律的规定行使地方国家机关的职权和区域自治权。民族自治地方的自治机关实行人民代表大会制度。

改革开放后，随着中国民主政治建设的发展，基层群众自治制度逐步建立起来。这种制度是中国基本政治制度的有机构成，是中国社会主义民主政治的重要内容，是人民依法行使民主权利，管理基层公共事务和公益事业，实行自我管理、自我服务、自我教育、自我监督，实现人民当家做主最有效、最广泛的途径。

3. 基本经济制度

基本经济制度是国家依据社会性质及基本国情，通过法律对社会经济秩序中生产资料归谁所有作出明确规定的经济制度，是社会经济在生产关系中最基本的规定，即所有制。

中国现处于并长期处于社会主义初级阶段，因而以公有制为主体、多种所有制经济共同发展是我国现阶段的基本经济制度。

二、我国的实体法律部门

我国的实体法律部门有宪法相关法、民法商法、行政法、经济法、社会法、刑法等。

（一）宪法相关法

宪法相关法是与宪法相配套、直接保障宪法实施和国家政权运作等方面的法律规范，主要包括国家机构的产生、组织、职权和基本工作原则方面的法律，民族区域自治制度、特别行政区制度、基层群众自治制度方面的法律，维护国家主权、领土完整、国家安全、国家标志象征方面的法律，保障公民基本政治权利方面的法律。

（二）民法商法

民法是调整平等主体的自然人、法人和非法人组织之间的人身关系和财产关系的法律规范，遵循民事主体地位平等、自愿、公平、诚信、公序良俗、有利于节约资源和保护生态环境等基本原则。商法是调整平等主体之间商事关系的法律规范，是与民法并列并互为补充的部门法。商法遵循民法的基本原则，同时秉承保障商事交易自由、等价有偿、便捷安全等原则。

案例：

这个暑假，安徽芜湖某高校二年级的学生钱文原本想靠做兼职赚点钱，经朋友介绍，他被安徽挽墨教育科技有限公司（以下简称“挽墨教育”）聘请为芜湖一个教学点的“副校长”，但课程结束，自己应得的工资只拿到了一半，另外2000多元迟迟没有发放。这样的情况不止发生在钱文一个大学生身上。

暑假是此类事件的高发时段，记者近日对此展开调查发现，在“被欠薪”的学生中，很大一部分都是刚收到录取通知的准大学生和大学低年级学生，他们有人想通过兼职赚钱，有人想要锻炼自己的能力，却没想到第一次踏入社会就遭遇“成长困惑”。

对于此类学生暑期兼职中的困境，安徽申腾律师事务所律师王远芳认为，学生兼职时和培训机构签订的聘用协议，属于劳务协议，如发生纠纷，可以定性为劳务纠纷。学生遇到纠纷，一方面可以去公安部门报案；另一方面，如果因金额问题无法立案，可以集中去公司所在地的劳动局、市场监管局投诉，也可以民事起诉。

此外，很多教育机构的创业者本身就是在校大学生或刚毕业的大学生。对此，姚炜耀表示，大学生创业应得到鼓励，但一些大学生法律意识淡薄，对劳动人事相关知识及用工风险不了解，这往往会给自身带来诸多法律风险。

（出自《中国青年报》2019 年 08 月 30 日 08 版）

（三）行政法

行政法是关于行政权的授予、行政权的行使以及对行政权监督的法律规范，调整的是行政机关与行政管理相对人之间因行政管理活动发生的关系，遵循职权法定、程序法定、公正公开、有效监督等原则，既保障行政机关依法行使职权，又注重保障公民、法人和其他组织的权利。

我国制定了行政处罚法，确立了处罚法定、公正公开、过罚相当、处罚与教育相结合等基本原则，规范了行政处罚的设定、决定和执行程序、听证制度、行政相对人权利保障等；制定了行政复议法，规定了行政机关内部自我纠正错误的机制。

（四）经济法

经济法是国家从社会整体利益出发，对经济活动实行干预、管理或者调控的法律规范。与民法商法调整平等主体之间的民事商事关系不同，经济法是国家对市场经济进行适度干预和宏观调控的法律手段和制度框架，旨在防止市场经济的自发性和盲目性所导致的弊端。

2019 年 7 月 15 日，上海警方发布通报称，近日，上海市公安局经侦总队侦破一起非法经营证券期货投资咨询业务案件，廖某强等 8 名犯罪嫌疑人已被依法刑事拘留。“天眼查”结果显示，上海警方通报的上海仟和亿教育培训有限公司（下称“仟和亿”）的实际控制人便是廖英强。

证监会通报指出，廖英强操纵市场案系一起借助互联网短视频等形式公开荐股并从中牟利的“黑嘴”案件，廖英强是知名财经媒体的嘉宾主持，同时通过其经营的“爱股轩”APP 等平台发布荐股视频，积累了名气和受众。廖英强在不具有证券投资咨询执业资格情况下，利用自身影响力，在微博、博客上公开评价、推荐股票。在荐股前先行买入，然后推荐他人买入，并在股价上涨时迅速卖出，牟取短期价差。2015 年 3 月至 11 月，廖英强 46 次操纵 39 只股票。2018 年 4 月，证监会依法对廖英强作出行政处罚。本案的查处再次对股市“黑嘴”通过“抢帽子”交易方式操纵市场敲响了警钟。

在科创板开市前夕，警方通报此案无疑具有重要的警示意义，对证券市场违法、违规行为的监管“篱笆”正在越收越紧，提醒证券市场参与各方不要触碰法律红线，“屡教不改”的廖英强正为此付出代价。

（出自《中国经济周刊》2019 年第 14 期）

（五）社会法

社会法是调整劳动关系、社会保障、社会福利和特殊群体权益保障等方面的法律规范，遵循公平和谐与国家适度干预原则，通过国家和社会积极履行责任，对劳动者、失业者、丧失劳动能力的人以及其他需要扶助的特殊人群的权益提供必要的保障，维护社会公平正义。

（六）刑法

刑法是规定犯罪与刑罚的法律规范。它通过规范国家刑罚权，惩罚犯罪，保护人民，维护社会秩序和公共安全，保障国家安全。

我国刑法规定了罪刑法定、法律面前人人平等、罪刑相适应等基本原则。罪刑法定原则是指法律明文规定为犯罪行为的，依照法律定罪处刑。法律没有明文规定为犯罪行为的，不得定罪处刑。法律面前人人平等原则是指对任何人犯罪，在适用法律上一律平等，不允许任何人有超越法律的特权。罪刑相适应原则是指刑罚的轻重，应当与犯罪分子所犯罪行和承担的刑事责任相适应。我国刑法规定了犯罪的概念，明确了犯罪构成及其要件，规定了正当防卫、紧急避险等排除社会危害性的行为；规定了刑罚的种类，包括管制、拘役、有期徒刑、无期徒刑、死刑五种主刑以及罚金、剥夺政治权利、没收财产三种附加刑，对于犯罪的外国人可以适用驱逐出境；规定了自首、立功、缓刑、减刑、假释、社区矫正等刑罚制度；规定了危害国家安全罪、危害公共安全罪、破坏社会主义市场经济秩序罪、侵犯公民人身权利和民主权利罪、侵犯财产罪、妨害社会管理秩序罪、危害国防利益罪、贪污贿赂罪、渎职罪和军人违反职责罪 10 类犯罪行为及其刑事责任，规定了背叛国家罪等 460 多个具体罪名。

三、我国的程序法律部门

我国的程序法律部门包括诉讼法与非诉讼程序法。诉讼与非诉讼程序法是规范解决社会纠纷的诉讼活动与非诉讼活动的法律规范。诉讼法律制度是规范国家司法活动解决社会纠纷的法律规范，非诉讼程序法律制度是规范仲裁机构或者人民调解组织解决社会纠纷的法律规范。

（一）诉讼法

我国制定了刑事诉讼法，规定一切公民在适用法律上一律平等，尊重和保障人权，人民法院、人民检察院依法独立公正行使审判权、检察权，人民法院、人民检察院、公安机关分工负责、互相配合、互相制约，保证犯罪嫌疑人、被告人获得辩护，未经人民法院依法判决，对任何人不得确定有罪等刑事诉讼的基本原则和制度，并规定了管辖、回避、辩护、证据、强制措施、侦查、起诉、审判、执行等制度和程序，有效保证了刑法的正确实施，保护了公民的人身权利、财产权利、民主权利和其他权利，保障了社会主义建设事业的顺利进行。

我国制定了民事诉讼法，确立了当事人有平等的诉讼权利、根据自愿和合法的原则进行调解、公开审判、两审终审等民事诉讼的基本原则和制度，明确了诉讼当事人的诉讼权利和诉讼义务，规范了证据制度，规定了第一审普通程序、第二审程序、简易程序、特别程序、审判监督程序等民事审判程序，还对执行程序、强制执行措施作了明确规定。

我国制定了行政诉讼法，明确规定公民、法人和其他组织认为自己的合法权益被行政机关及其工作人员侵犯时，有权依法向人民法院提起行政诉讼，人民法院依法对行政案件独立行使审判权，保障公民的合法权益，促进了行政机关依法行使行政职权。

（二）非诉讼程序法

我国制定了仲裁法，规范了国内仲裁与涉外仲裁机构的设立，明确规定仲裁委员会独立于行政机关，从机构设置上保证了仲裁委员会的独立性，明确将自愿、仲裁独立、一裁终局等原则作为仲裁的基本原则，系统规定了仲裁程序。

我国制定了人民调解法，完善人民调解制度，规范人民调解的组织和程序，及时解决民间纠纷，维护社会和谐稳定，明确规定了在当事人自愿、平等的基础上进行调解；不违背法律、法规和国家政策；尊重当事人的权利，不得因调解而阻止当事人依法通过仲裁、行政、司法等途径维护自己的权利等原则。

此外，我国还制定了引渡法、海事诉讼特别程序法、劳动争议调解仲裁法、农村土地承包经营纠纷调解仲裁法等法律，建立健全了非诉讼程序法律制度。

我国法律部门确立的各项法律制度，涵盖了国家和社会关系的各个方面，为全面依法治国，实现国家治理体系和治理能力现代化奠定了坚实的制度基础。法律是一切组织和个人的根本行为准则，为自然人、法人和其他组织解决各种矛盾和纠纷、维护合法权益提供了重要依据，是国家长治久安、人民安居乐业的根本保障。

第三节　建设中国特色社会主义法治体系

课堂导入：观看《法制中国》系列专题片

坚持和完善中国特色社会主义法治体系，是党的十九届四中全会决定提出的一项重要内容。从“中国特色社会主义法律体系”到“中国特色社会主义法治体系”，虽只是一字之差，但内涵更加丰富。“中国特色社会主义法律体系”指静态意义上的法律规范和法律制度的体系，但“中国特色社会主义法治体系”包括法律体系、法治实施体系、法治监督体系、法治保障体系、党内法规体系等五个子体系。全面依法治国涉及方方面面，只有通过建设中国特色社会主义法治体系，才能把各方面的工作有机串联起来。依法治国就是依照体现人民意志和社会发展规律的法律治理国家，而不是依照个人意志、主张治理国家；要求国家的政治、经济运作、社会各方面的活动通通依照法律进行，而不受任何个人意志的干预、阻碍或破坏。全面依法治国的总目标是建设中国特色社会主义法治体系、建设社会主义法治国家。

一、主要内容

完备的法律规范体系。良法是善治的前提。“立善法于天下，则天下治；立善法于一国，则一国治。”要继续完善以宪法为统帅的中国特色社会主义法律体系，把国家各项事业和各项工作纳入法制轨道。坚持立法先行，加快完善法律、行政法规、地方性法规体系，完善社会规范体系，为全面依法治国提供基本遵循。推进科学立法、民主立法、依法立法，使每一项立法都符合宪法精神、反映人民意志、得到人民拥护。把公正、公平、公开原则贯穿立法全过程，完善立法体制机制，坚持立改废释并举，增强法律法规的及时性、系统性、针对性、有效性。

高效的法治实施体系。法律的生命力在于实施，法律的权威也在于实施。宪法是治国安邦的总章程，是全面依法治国的总依据。坚持依法治国首先要坚持依宪治国，坚持依法执政首先要坚持依宪执政。坚持依宪治国、依宪执政，就包括坚持宪法确定的中国共产党领导地位不动摇，坚持宪法确定的人民民主专政的国体和人民代表大会制度的政体不动摇。必须明确，我们坚持的依宪治国、依宪执政，与西方所谓的“宪政”本质上是不同的。有一些人打出“宪政”牌，目的是拿“西方宪政”框住我们，用所谓“宪政”否定中国共产党的领导。全面依法治国，要用科学有效、系统完备的制度体系保证宪法实施，维护宪法尊严，把实施宪法提高到新水平。加快建设执法、司法、守法等方面的体制机制，坚持依法行政和公正司法，做到有法必依、执法必严、违法必究，确保法律的全面有效实施。

严密的法治监督体系。纵观人类政治文明史，权力是一把双刃剑，在法治轨道上行使可以造福人民，在法律之外行使则必然祸害国家和人民。没有监督的权力必然导致腐败，这是一条铁律。要加强对权力运行的制约和监督，让人民监督权力，让权力在阳光下运行。加大监督力度，做到有权必有责、用权受监督、违法必追究。加强党内监督、人大监督、民主监督、行政监督、监察监督、司法监督、审计监督、社会监督、舆论监督制度建设，努力形成科学有效的权力运行制约和监督体系，增强监督合力和实效。

有力的法治保障体系。完善有力的法治保障对全面推进依法治国至关重要。如果没有一系列的保障条件，全面依法治国就难以实现。要切实加强和改进党对全面依法治国的领导，提高依法执政能力和水平，为全面依法治国提供有力的政治和组织保障。着力建设一支忠于党、忠于国家、忠于人民、忠于法律的社会主义法治工作队伍，为全面依法治国提供强有力的人才保障。改革和完善不符合法治规律、不利于依法治国的体制机制，为全面依法治国提供完备的制度保障。

完善的党内法规体系。党内法规既是管党治党的重要依据，也是建设社会主义法治国家的重要保障。依规治党深入党心，依法治国才能深入民心。要坚持依法治国和依规治党有机统一，完善党内法规制定体制机制，注重党内法规同国家法律的衔接和协调，构建以党章为根本、若干配套党内法规为支撑的党内法规制度体系，提高党内法规执行力。

二、全面依法治国的基本格局

科学立法是前提。全面依法治国，必须坚持立法先行，继续完善以宪法为统帅的中国特色社会主义法律体系。必须把宣传和树立宪法权威作为全面推进依法治国的重大事项抓紧抓好。针对立法领域存在的突出问题，关键是要提高立法质量，而推进科学立法、民主立法是提高立法质量的根本途径。要完善立法体制，优化立法职权配置，明确立法权力边界，从体制机制和工作程序上防止部门利益和地方保护主义法律化。要处理好改革和法治的关系，做到立法决策和改革决策相衔接、相统一。凡属重大改革要于法有据，不允许随意突破法律红线；同时，立法要主动适应改革发展需要，不能成为改革的“绊马索”。

严格执法是关键。能不能做到依法治国，关键在于党能不能坚持依法执政，各级政府能不能依法行政。习近平总书记强调，行政机关是实施法律法规的重要主体，要带头严格执法，依法全面履行职能。推进严格执法，重点是解决执法不规范、不严格、不透明、不文明以及不作为、乱作为等突出问题。要以建设法治政府为目标，推进机构、职能、权限、程序、责任法定化，推进各级政府事权规范化、法律化。严格执法主要包括六大方面，即依法全面履行政府职能，健全依法决策机制，深化行政执法体制改革，严格规范公正文明执法，强化对行政权力的制约和监督，以及全面推进政务公开。

在刚刚闭幕的全国两会上，“两高”报告提到“赵宇见义勇为案”“昆山反杀案”等热点案件，并对“正当防卫”“见义勇为”等备受关注的司法问题予以回应，赢得代表委员的热烈掌声。最高法工作报告提出“依法支持公民通过正当防卫同犯罪行为作斗争，保护见义勇为”，最高检工作报告强调“法不能向不法让步”，这些掷地有声的话语，在会场内外引发强烈共鸣。

一段时间以来，因“昆山反杀案”和“赵宇见义勇为案”等个案，让“正当防卫”成为社会关注的话题。正当防卫直接影响人们在遭遇不法侵害时的价值判断和行为模式——是见义勇为还是畏首畏尾？是忍气吞声还是奋起反击？如果公民的见义勇为和奋起反击，得不到司法认可，甚至动辄得咎，不仅公民的合法权益难以得到保障，也会让不法行为变本加厉，不利于形成良好的社会风气。

司法机关坚持“法不能向不法让步”，用公正司法给“正当防卫者”“见义勇为者”撑腰打气，不仅回应了人民群众对司法热点问题的关切，体现了司法为民的担当作为，也弘扬了社会正能量。更重要的是，将这些案例和理念写入“两高”

报告，通过在全国两会上凝聚更大共识，更是在价值层面进一步昭示了法治捍卫公平正义的宗旨，坚定了“法不庇恶、邪不压正”的决心和信心，强化了全社会对法治的信仰。

党的十八大以来，随着全面推进依法治国进程不断深入，依法办事日益成为人们自觉的行为模式，法治信仰也越来越深入人心。

（出自《人民日报》(2019 年 03 月 21 日 19 版）

公正司法是防线。公正是法治得生命线，是司法活动最高的价值追求。公正司法是维护社会公平正义的最后一道防线。如果不努力让人民群众在每一个司法案件中都感受到公平正义，人民群众就不会相信法律，从而也不会相信党和政府。习近平总书记强调，必须旗帜鲜明反对司法腐败，深入推进司法改革，构建开放、动态、透明、便民的阳光司法体制机制。要完善司法体制，科学配置司法职权，建立科学的权力运行机制，健全人权司法保障制度。

全民守法是基础。法律要发挥作用，需要全社会信仰法律。推进全民守法，必须着力增强全民法治观念，坚持法制教育与法治实践相结合，把全民普法和守法作为依法治国的长期基础性工作来抓。一方面，必须弘扬社会主义法治精神，建设社会主义法治文化，传播法律知识，培养法律意识；另一方面，必须以实际行动树立法律权威，让老百姓相信法不容情、法不阿贵、法能维权。要强化道德对法治文化的支撑作用，弘扬社会主义法治精神，建设法治文化。发挥市民公约、乡规民约、行业规章、团体章程等社会规范在社会治理中的积极作用，坚持系统治理、依法治理、综合治理和源头治理，提高社会治理法治化水平。

第四节　坚持走中国特色社会主义法治道路

走中国特色社会主义法治道路，必须坚持中国共产党的领导，坚持人民主体地位，坚持法律面前人人平等，坚持依法治国和以德治国相结合，坚持从中国实际出发。

一、坚持中国共产党的领导

党的领导是中国特色社会主义最本质的特征，是社会主义法治最根本的保证。社会主义法治必须坚持党的领导，党的领导必须依靠社会主义法治。法是党的主张和人民意愿的统一体现，党的领导和依法治国是高度统一的。

坚持党的领导，是社会主义法治的根本要求，是全面依法治国的题中应有之义。要把党的领导贯彻到依法治国全过程和各方面，坚持党的领导、人民当家做主、依法治国有机统一。

坚持党的领导，不是一句空的口号，必须具体体现在党领导立法、保证执法、支持司法、带头守法上。

二、坚持人民主体地位

人民代表大会制度是保证人民当家做主的根本政治制度，保证了人民依法民主选举、民主协调、民主决策、民主管理、民主监督，维护国家法制统一、尊严权威。协商民主保证了人民在日常政治生活中有广泛持续深入参与的权利，具有广泛、多层、制度化的特点，包括了政党协商、人大协商、政府协商、政协协商、人民团体协商、基层协商、社会组织协商，其中人民政协协商是社会主义协商民主的重要渠道和专门协商机构。

坚持人民主体地位，必须坚持法治建设为了人民、依靠人民、造福人民、保护人民，以保障人民根本权益为出发点和落脚点，保证人民依法享有广泛的权利和自由、承担应尽的义务，维护社会公平正义，促进共同富裕，为保证人民当家做主提供坚实的法治基础。

人民权益要靠法律保障，法律权威要靠人民维护。依法治国的根本目的是实现人民幸福，尊重和保障人权。要把体现人民利益、反映人民愿望、维护人民权益、增进人民福祉落实到依法治国全过程，保证人民在党的领导下，依照法律规定，通过各种途径和形式，行使管理国家事务和社会事务、管理经济和文化事业的权力。

三、坚持法律面前人人平等

平等是社会主义法律的基本属性，是社会主义法治的基本要求。

坚持法律面前人人平等，要求公民不分民族、种族、性别、职业、家庭出身、宗教信仰、教育程度、财产状况、居住期限等，都应当平等享受公民权利、平等履行公民义务。

坚持法律面前人人平等，一方面要求违法必究，一切违反宪法法律的行为都必须予以追究。法治意味着不管什么人，不管涉及谁，只要违反法律就要依法追究责任。

另一方面要求非歧视，即无差别地对待。只要是正当权益诉求，就应当在法律上得到平等对待；只要是合法权益，就应当依法得到平等保护。要着力反歧视，特别要强调弱势群体合法利益的法律保护。

案例：法律面前人人平等，任何名人想开法律的小差无门

记者从国家税务总局以及江苏省税务局获悉：今年6月初，群众举报范冰冰“阴阳合同”涉税问题后，国家税务总局高度重视，即责成江苏等地税务机关依法开展调查核实，目前案件事实已经查清。

从调查核实情况看，范冰冰在电影《大轰炸》剧组拍摄过程中实际取得片酬3000万元，其中1000万元已经申报纳税，其余2000万元以拆分合同方式偷逃个人所得税618万元，少缴营业税及附加112万元，合计730万元。此外，还查出范冰冰及其担任法定代表人的企业少缴税款2.48亿元，其中偷逃税款1.34亿元。

经查，2018年6月，在税务机关对范冰冰及其经纪人牟某广所控制的相关公司展开调查期间，牟某广指使公司员工隐匿、故意销毁涉案公司会计凭证、会计账簿，阻挠税务机关依法调查，涉嫌犯罪。现牟某广等人已被公安机关依法采取强制措施，案件正在进一步侦查中。

（出自《人民日报》2018年10月04日04版）

对于名人甚至是世界级别的大师，法律绝对不会缩水，正义虽然迟到，但绝对不会缺席。8.4亿元的巨额罚款，再次向演艺界敲响了警钟。对于范冰冰的处罚有利于维护我国税法的权威性、严肃性；有利于促进影视行业持续健康发展；有利于增强全社会依法纳税的自觉意识。同时也警告那些采取非法手段，打着合理避税的擦边球，成立什么工作室，行偷逃税款之实，估计再难有市场。对于那些玩文字游戏，分解，变更，拆解合同，想侵吞国家利益同样无门。

事实再一次证明，法律面前人人平等。任何名人想开法律的小差同样无门。遵纪守法是每个公民应尽的义务。随着我国税制制度的改革和推进，税收制度不断完善，公民要牢固树立依法纳税意识尤为重要而紧迫。范冰冰案对那些藐视税法、心存侥幸的人来说是一个强烈警示，对广大公民也是一次普法教育。

四、坚持依法治国和以德治国相结合

法律是成文的道德，道德是内心的法律，两者都是治国理政的重要手段。法治以其权

威性和强制性规范社会成员的行为，德治以其说服力和劝导力提高社会成员的思想道德觉悟。坚持依法治国和以德治国相结合，对于夯实国家治理的制度基础和思想道德基础，实现党和国家长治久安、实现中华民族伟大复兴的中国梦，具有极为重要的现实意义和深远的历史意义。

法律有效实施有赖于道德支撑，道德践行也离不开法律约束。法治和德治相互补充、相互促进、相得益彰，二者是辩证统一的关系。

任何法律都有一定的道德属性。习近平同志指出："以法治承载道德理念，道德才有可靠制度支撑。法律法规要树立鲜明道德导向，弘扬美德义行，立法、执法、司法都要体现社会主义道德要求，都要把社会主义核心价值观贯穿其中，使社会主义法治成为良法善治。"法律凝结着社会的基本价值取向和道德规范，遵守法律就是遵守最低限度的道德。从这个意义上说，任何法律都有一定的道德属性。社会主义法治要成为良法善治，自然也要具有道德属性。这主要体现在如下三个层面：它是对实现自由、平等、民主等道德价值的制度设计，这种制度设计需要以相应的、符合社会进步要求的道德规范作为评价标准；它既是对公共权力的保障，也是对公共权力的限制，具有既保障权力得以有效行使又保障权力不被滥用的政治伦理品质；它是对公民基本权利的保障，内在地包含着促进人的自由全面发展的价值取向。法治必须建立在道德基础上，离开道德的法治会对社会造成严重损害。

道德为法治创造良好人文环境。习近平同志指出："要重视发挥道德的教化作用，提高全社会文明程度，为全面依法治国创造良好人文环境。"制度需要人来执行，好的制度是不会自动变成现实的。人们只有在道德认知与道德情感的共同作用下，才能建立和强化法治信念。法治信念是对法治所蕴含的价值观高度认同的心理机制，它能激发人们以法治观念指导和规范行为。法律和道德，一个是硬约束、一个是软约束，一个是他律、一个是自律，仅仅依靠强力推行的外在制约会削弱人的自觉性。道德则将外在的法律规范转化为内在的自我约束，促使人们主动认识自己的责任与义务、自愿选择有道德的行为。一个人的道德觉悟提升了，就会自觉尊法学法守法用法；全社会的道德水准提升了，法治建设才会有坚实的基础。

法律和道德可以相互转化。法律和道德都植根于一定的历史文化环境与社会环境，文化的演进、社会的发展推动法律和道德的发展。考察人类历史会发现，法律和道德之间呈现一种流动的边界：一些道德规范"流动"到法律规范之中，这是道德转化为法律；一些法律规范"流动"到道德规范之中，这是法律转化为道德。这说明法律和道德之间没有一成不变的分界线，其双向"流动"的目的是为了与当时的经济社会发展需要相适应。比如，随着社会主义市场经济的发展，诚信原则逐步从经济活动的伦理要求演变为一条重要的法律原则。

推动法治和德治的相互促进。一是强化道德对法治的支撑作用。坚持依法治国和以德治国相结合，应重视发挥道德的教化作用，提高全社会文明程度，为全面依法治国创造良好的人文环境；在道德体系中体现法治要求，发挥道德对法治的滋养作用，努力使道德体系同社会主义法律规范相衔接、相协调、相促进；在道德教育中突出法治内涵，注重培育人们的法律信仰、法治观念、规则意识，引导人们自觉履行法定义务、社会责任、家庭责任，营造全社会都讲法治、守法治的文化环境。二是把道德要求贯彻到法治建设中。以法治承载道德理念，道德才有可靠制度支撑。法律法规要树立鲜明道德导向，弘扬美德义行，立法、执法、司法都要体现社会主义道德要求，使社会主义法治成为良法善治。要把实践中广泛认同、较为成熟、操作性强的道德要求及时上升为法律规范，引导全社会崇德向善。要坚持严格执法，弘扬真善美，打击假恶丑。要坚持公正司法，发挥司法断案惩恶扬善功能。三是运用法治手段解决道德领域突出问题。法律是底线的道德，也是道德的保障。要加强相关立法工作，依法加强对群众反映强烈的失德行为的整治。比如，对突出的诚信缺失问题，既要抓紧建立覆盖全社会的征信系统，又要完善守法诚信褒奖机制和违法失信惩戒机制，使人不敢失信、不能失信；对见利忘义、制假售假的违法行为，要加大执法力度，让败德违法者受到惩治、付出代价。

五、坚持从中国实际出发

“为国也，观俗立法则治，察国事本则宜。不观时俗，不察国本，则其法立而民乱，事剧而功寡。”走什么样的法治道路、建设什么样的法治体系，是由一个国家的基本国情决定的。当前，中国特色社会主义进入新时代，社会主要矛盾已经转化为人民日益增长的美好生活需要和不平衡不充分的发展之间的矛盾。建设法治中国，必须从我国实际出发，同完善和发展中国特色社会主义制度、推进国家治理体系和治理能力现代化相适应，既不能罔顾国情、超越阶段，也不能因循守旧、墨守成规。

坚持从实际出发，就是要突出法治道路的中国特色、实践特色、时代特色。要汲取中华传统法律文化精华，总结和运用党领导人民探索社会主义法治道路的成功经验，围绕社会主义法治建设重大理论和实践问题，推进法治理论创新，构建符合中国实际、具有中国特色、体现社会发展规律的社会主义法治理论和话语体系，为依法治国提供理论指导和学理支撑。

在实践中坚持从中国实际出发，就要处理好传承与借鉴的关系，处理好法治体系与国家治理体系的关系。我国有着丰富的古代法制文明和传统法律文化，强调“礼法结合”“明德慎罚”，重视道德教化，主张社会和合。我们要从中寻找法律智慧和经验，传承有益的精华，择善而用。对于西方的法治文化和经验，绝不能照搬照抄。“飞来峰”易倒，“西化”行不通。二战以后，一些发展中国家全盘复制西方模式，脱离本国国情，不仅没有实现民主法治，反而造成社会动荡。在借鉴国外法律文明的有益成果时，应当侧重于对法律原则、法律技术等现代法治共性要素的合理借鉴，而不是对制度和条文的生搬硬套。

第五节　培养法治思维

课程导入：

“善良”的绑匪

2007年1月27日，云南省晋宁县农民余某，在朋友张洪林的极力劝说下，为还债谋划“敲诈”，参与绑架3名小孩并勒索15万。绑架过程中余某没有任何暴力行为甚至与被绑架的孩子成了朋友，同时他还多次劝说同伙放人，最后他未经张洪林同意就释放了人质并把仅有的20元送给孩子坐车回家，自己则步行3个多小时回家。2007年5月24日，云南省呈贡县人民法院对张洪林、余某绑架案进行了开庭审理，并当庭宣判，以绑架罪判处余某有期徒刑6年，并处罚金3万元。

问：若你是法官，会做怎样的判决？为什么？

解析：法律问题与政治、经济、道德联系密切。按照法律思维思考与处理问题，与按照道德思维、经济思维或政治思维思考与处理问题，在某些情况下会得出相同结论，而在某些情况下则有可能得出不同结论。避免思维习惯上（观念上）的误区：不能以道德、经济、政治的思维替代法律的思维。

一、法治思维及其内涵

（一）法治思维的含义与特征

法治思维是指以法治价值和法治精神为导向，运用法律原则、法律规则、法律方法思考和处理问题的思维模式。法治思维包含以下几层含义：第一，法治思维以法治价值和法治精神为指导，蕴含着公正、平等、民主、人权等法治理念，是一种正当性思维；第二，法治思维以法律原则和法律规则为依据来指导人们的社会行为，是一种规范性思维；第三，法治思维以法律手段与法律方法为依托分析问题、处理问题、解决纠纷，是一种可靠的逻辑思维；第四，法治思维是一种符合规律、尊重事实的科学思维。因此，法治思维是一种融法律的价值属性和工具理性于一体的特殊的高级法律意识。

在通常情况下，法律问题往往还包含着政治、经济或道德问题。对同一个问题，法律的态度和道德、政治的态度在大多数情况下是一致的，但是，在有的情况下则可能不一致。例如，“欠债还钱”是天经地义的事情。法律会保护债权人的利益，但是法律有诉讼时效制度。如果债权人在还钱期限届满后两年内不向债务人要求还钱，也不向法院起诉，债务人也没有表示要还钱，债权人的债权就不受法律保护。法律不会要求债务人还钱，但也不反对债务人自动还钱。但是，必须强调，在对法律问题思考时，法律思维应当优先，不能用道德评价来取代法律评价。

培养法治思维，必须抛弃人治思维。法治思维与人治思维的区别集中体现在四个方面：一是在依据上，法治思维认为国家的法律是治国理政的基本依据，处理法律问题要以事实为根据、以法律为准绳；而人治思维的本质是主张人高于法或权大于法，它片面强调依赖个人的魅力、德性和才智来治国平天下。二是在方式上，法治思维以一般性、普遍性的平等对待方式调节社会关系，解决矛盾纠纷，坚持法律面前人人平等原则，具有稳定性和一贯性；而人治思维漠视规则的普遍适用性，按照个人意志和感情进行治理，治人者以言代法、言出法随、朝令夕改，具有极大的任意性和非理性。三是在价值上，法治思维强调集中社会大众的意志来进行决策和判断，是一种“多数人之治”的思维，避免陷入无政府主义或以民主之名搞乱社会；而人治思维是个人说了算的专断思维。四是在标准上，法治思维与人治思维的分水岭不在于有没有法律或者法律的多寡与好坏，而在于最高的权威究竟是法律还是个人。法治思维以法律为最高权威，强调“必须使民主制度化、法律化，使这种制度和法律不因领导人的改变而改变，不因领导人的看法和注意力的改变而改变”。人治思维则奉行个人的意志为最高权威，当法律的权威与个人的权威发生矛盾时，强调服从个人而非服从法律的权威。

对公民而言，法治思维就是当自己的理想目标、思想感情、行为方式、权利诉求和利益关系等与法律的价值、规则或要求发生冲突时，能够服从法律，作出符合法律的选择，按照法律的指引实施自己的行为。

（二）法治思维的基本内容

法治思维的内涵丰富、外延宽广，主要表现为价值取向和规则意识两个方面。价值取向是指如何看待和对待法律，规则意识是指如何用法律看待和对待自身。一般来讲，法治思维主要包括法律至上、权力制约、公平正义、权利保障、正当程序等内容。

法律至上。法律至上是指在国家或社会的所有规范中，法律是地位最高、效力最广、强制力最大的规范。现代国家有很多规范，如宗教规范、道德规范、团体规范和行业规范等。法律至上要求这些规范都不得超越法律规范，不得与法律规范相抵触。这里的法律，既包括宪法，也包括其他一般法律。法律至上尤其指宪法至上，因为宪法具有最高的法律效力，是其他一切法律的依据。法律至上具体表现为法律的普遍适用性、优先适用性和不可违抗性。法律的普遍适用性，是指法律在本国主权范围内对所有人具有普遍的约束力。所有国家机关、社会组织和公民个人都必须遵守法律，依法享有和行使法定职权与权利，承担和履行法定职责与义务。法律的优先适用性，是指当同一项社会关系同时受到多种社会规范的调整而多种社会规范又相互矛盾时，要优先考虑法律规范的适用。法律的不可违抗性，是指法律必须遵守，违反法律要受到惩罚。任何人不论权力大小、职位高低，只要有违法犯罪行为，就要依法追究其法律责任。养成法律至上思维，对于自觉遵守法律、维护法律权威意义重大。

权力制约。权力制约是指国家机关的权力必须受到法律的规制和约束。在我国，国家权力是人民的，即一切权力为民所有；国家权力是为人民服务的，即一切权力为民所用。因此，只有依法对权力的配置和运行进行有效制约和监督，才能防止权力私用、权力滥用和权力腐败。国家工作人员就职时应当按照法律规定公开进行宪法宣誓。权力制约分为权力由法定、有权必有责、用权受监督、违法受追究四项要求。权力由法定，即法无授权不可为，是指国家机关的职权必须来自法律明确的授予。国家机关必须严格依照法律规定的权限范围行使职权，而不得行使法律未授予的权力。有权必有责，是指国家机关在获得权力的同时必须承担相应的职责和责任。当发生了属于其职权范围内的事项时，国家机关必须履行相应的管理职责。用权受监督，是指国家权力的运行和行使必须接受各种形式的监督，让人民监督权力，让权力在阳光下运行。违法受追究，是指国家工作人员违法行使权力必须受到法律的追究和制裁。养成权力制约思维，要求自觉运用权力、勇于监督权力，同时自觉监督宪法、法律的实施。

案例：

2005 年至 2014 年，刘某在担任广州市从化区吕田镇人民政府镇长、从化区城市管理局局长期间，利用职务便利，在吕田镇有关工程招标、施工、验收、结算及原市城管局采购环卫器材等工作中，为工程项目承建商廖某、张某、吴某、杨某，采购商苏某提供帮助，多次收受上述5人贿送的现金人民币合计81万元、港币10万元。刘某的行为已严重违纪，受到开除党籍、开除公职处分，因涉嫌构成经济犯罪，已被移送司法机关处理。

点评：

刘某违纪违法案涉案金额较大，而且是典型的"十八大"之后不收敛不收手，教训非常深刻。刘某作为单位的"一把手"，大权在握，单位的政府采购全部由他一个人说了算，权力制约的缺失使得他的欲望无限放大，用党和人民赋予的权力当做自己捞钱享乐的工具。刘某违纪违法案件的发生，揭示出权力高度集中、缺乏监督制约的严重弊端。

习近平总书记在十八届中央纪委二次全会上指出，要加强对权力运行的制约和监督，把权力关进制度的笼子里，形成不敢腐的惩戒机制、不能腐的防范机制、不易腐的保障机制。因此，要完善权力制衡机制，将民主集中制各项制度落到实处，坚决杜绝"决策一句话，花钱一支笔"的现象。一是要不断完善领导班子成员讨论重大问题"一人一票"表决制度，每个成员要行使好自己的民主权利，防止"一把手"说了算；二是要不断完善领导班子议事规则和决策程序制度；三是要切实把"一把手"不直接分管人事、财务工作落到实处，让权力在阳光下运行，扩大监督范围。

（出自《中国纪检监察报》2016年5月16日）

公平正义。公平正义是指社会的政治利益、经济利益和其他利益在全体社会成员之间合理、公平分配和占有。一般来讲，公平正义主要包括权利公平、机会公平、规则公平和救济公平。权利公平包括三重含义：一是权利主体平等，国家对每个权利主体"不偏袒""非歧视"；二是享有的权利特别是基本权利平等；三是权利保护和权利救济平等。机会公平是指生活在同一社会中的成员拥有相同的发展机会和发展前景，反对任何形式的歧视。机会公平包括国家和社会要积极为社会成员的发展创造条件，并努力创造平等的起点；社会成员的发展进步权要受到同等尊重，不断拓展社会成员的发展领域；不仅要关注当代人的平等机会，还要考虑后代人的机会平等。规则公平是指对所有人适用同一的规则和标准，不得因人而异。包括法律规则面前人人平等、法律内容面前人人平等和法律保护面前人人平等，任何人不得享有法律之外的特权，任何人也不会被法律排除在保护之外。救济公平是指为权利受到侵害或处于弱势地位的公民提供平等有效的救济。救济公平包括司法救济公平，即司法要公正对待每一个当事人，致力于实现司法公正；行政救济公平，即政府对需要救济的社会成员提供的救济服务要一律平等，不得区别对待；社会救济公平，即社会对需要救济的社会成员提供的社会救济服务要一律平等，不得厚此薄彼。养成公平正义思维，有利于增强实现公平正义的责任感，为促进全社会的公平正义而奋斗。

权利保障。权利保障主要是指对公民权利的法律保障，具体包括公民权利的宪法保障、立法保障、行政保护和司法保障。宪法保障是权利保障的前提和基础。宪法表明尊重和保障人权的鲜明态度，确立保障权利的有效机制，明确列出宪法保障的公民基本权利，能够推动整个国家和法律体系加强权利保障。立法保障是权利保障的重要条件。宪法有关基本权利的规定一般较为原则，各项具体权利的保障由立法机关通过立法作出明确规定。行政保护是权利保障的关键环节，行政机关在行使行政管理权的过程中必然要涉及处置社会成员的利益问题，很容易发生损害或侵犯公民权利的现象。行政机关是否能够有效地保护公民权利，直接反映出一个国家的权利保障状况。司法保障是公民权利保障的最后防线，既是解决个人之间权利纠纷的有效渠道，也是纠正和遏制行政机关侵犯公民权利的有力机制。

正义不仅应得到实现，而且要以人们看得见的方式加以实现。——法律谚语

没有程序的正义就没有实体的正义。——法律谚语

程序先于权利。——法律谚语

程序是法治和恣意而治的分水岭。——法律谚语

正当程序。做一件事情，往往需要按照一定的程序，只有按照程序做，才能防止主观任性、无序混乱。只有严格按照法律程序办事办案，处理结果才可能公正并具有公信力和权威性。程序的正当，表现在程序的合法性、中立性、参与性、公开性、时限性等方面。合法性是指程序运行合乎法律的规定，有关机关或个人不得违反或变相违反；中立性是指程序设计和运行应平等地对待双方当事人，不得偏向任何一方；参与性是指案件或纠纷的利害关系人都有机会进入办案程序，充分表达自己的利益诉求和意见主张，为解决纠纷发挥作用；公开性是指程序运行的过程和结果应当向当事人和社会公开，以接受各方监督，防止办案不公和暗箱操作，让正义以人们看得见的方式实现；时限性是指程序的运行必须有合理的期限，符合时间成本和效率原则的要求，不得无故拖延或没有终结。如诉讼案件应当在法定的期限内作出裁判，如无法定事由，诉讼期限不得延长。正义不应缺席，也不应迟到，迟到的正义是有瑕疵的正义。

二、尊重和维护法律权威

（一）法律权威的含义

法律权威是指法律在社会生活中的作用力、影响力和公信力，是法律应有的尊严和生命。法律是否具有权威，取决于四个基本要素：一是法律在国家和社会治理体系中的地位和作用，只有法律占主导地位和起决定作用，法律才具有权威；二是法律本身的科学程度，只有法律反映客观规律和人类理性，法律才具有权威；三是法律在实践中的实施程度，只有法律在实践中得到严格实施和遵循，法律才具有权威；四是法律被社会成员尊崇或信仰的程度，只有法律反映人民共同意愿且为人民真诚信仰，法律才具有权威。

法律权威源自人民的内心拥护和真诚信仰。我国宪法法律是党的主张和人民意志的统一体现，具有最高的权威。法律有权威、必须维护法律权威，这本来是一个常识性问题，但真正理解和做到并不容易。一些人不把法律当回事，把个人意志凌驾于法律之上，藐视法律权威；一些人之所以走上犯罪道路，也与内心不信仰法律、行为不尊重法律有很大关系。我们要牢固树立宪法法律至上、法律面前人人平等、权由法定、权依法使等基本法治观念；面对各种危害法治、破坏法治、践踏法治的违法犯罪行为，克服事不关己、高高挂起的消极心态，敢于挺身而出、坚决斗争。因此，尊重法律权威，不仅要求尊重法律，更要求崇尚法治。只有在思想上遵法崇法，才能在实践中守法护法。

（二）尊重和维护法律权威的基本要求

人民是国家的主人翁，是法治国家的建设者和捍卫者，尊重法律权威是其法定义务和必备素质。就大学生而言，作为一个公民，要在尊重法律权威方面加强砥砺，在学习和生活中积极作为，养成敬畏法律的良好品质，努力成为尊重法律权威、信仰法律的先锋。

案例：法律意识淡薄，大学生成传销主力军

2003 年 9 月，广西查获一传销窝点，涉案 500 多人中 90%是大学生；2010 年 8 月，南京查获全国最大一起大学生传销案，涉及 33 所高校的 834 名大学生；2015 年 8 月，南京浦口端掉一传销窝点，涉案 700 多人，其中大学生将近 350 人……传销组织已“盯上”了大学生群体，使之成为传销重灾区。昨天，南京浦口警方结合典型案例，提醒在校及刚毕业的大学生，抵制传销诱惑。

陈某，女，21岁，广东人，某大学大三学生，于今年1月办理了休学手续。今年5月的一天，陈某通过微信“摇一摇”功能，认识了南京男网友小赵，很快两人在微信上成为了无话不说的朋友，并相约在南京见面。见面后，小赵对陈某悉心照顾，给陈某留下很好的印象，而小赵也从陈某口中得知其父母在广东做生意，家庭经济条件不错，也便记在了心里。两人感情在网络中升温，6月的一天，早已进入传销的小赵，自称不想老靠父母养活，想学着自己做生意，邀请身在广东的陈某来南京陪他一起经营。

由于处于网络热恋之中，陈某听信了“男友”小赵推荐的可以入股南京一个朋友做红酒和皮夹的生意，于7月的一天，只身一人再次来到南京，准备和“男友”合伙做生意。后小赵每天带她见“传销家庭成员”，并不断向她推荐比红酒生意要大、更好的“1040”工程。由于十分相信小赵，不久后，陈某被洗脑后加入了传销组织，先后交了共计33 000元，申购了10份产品，直到被警方解救，才意识到“男友”的真正用意，是为传销组织拉人头赚提成。

（出自《扬子晚报》2015年9月5日第三版）

信仰法律。一切法律中最重要的法律，既不是刻在大理石上，也不是刻在铜表上，而是铭刻在公民的内心里。应当相信法律、信奉法律，树立崇尚法律、信仰法律的牢固观念，增强对法律的信任感、认同感。对法律常怀敬畏之心，常思敬重之情。法律必须被信仰，否则形同虚设。法律要发生作用，全社会都要信仰法律。如果对法律不信任，认为靠法律解决不了问题，而总是想找门路、托关系，或者采取极端行为，那就不可能建成法治社会。

遵守法律。要用实际行动捍卫法律尊严，保障法律实施。参与社会活动，实施个人行为，都要以法律为依据，不得违反法律规范。处理问题、作出决定时，要先问问在法律上“是什么”和“为什么”，是否合法可行。在处理守法与违法的关系时，要防微杜渐，防止因小失大。在面临选择的重大关头，要依法冷静权衡，防止头脑发热或心存侥幸而铸成大错。在创新创业活动中，要树立法治意识，学习和掌握工商企业法律规范、知识产权法律规范等，运用法律推进创新，转化成果，保护产权。在处理矛盾和冲突时，要法字当头，依法化解，谨防采取非法方式导致关系的紧张与事态的恶化。

服从法律。应当拥护法律的规定，接受法律的约束，履行法定的义务，服从依法进行的管理，承担相应的法律责任。对一切依据法律和事实作出的决定，真心接受与认可，自觉执行。如，因违法受到行政处罚或者被依法采取行政强制措施的，要认真履行；对人民法院依法公正作出的生效裁判，要主动履行；对学校依据法律和校纪校规作出的各种奖惩决定，要严格执行，在日常生活中逐步培养尊重法律权威的习惯。

维护法律。争当法律权威的守望者、公平正义的守护者、具有良知的护法者。对违法犯罪行为，要敢于揭露、勇于抵制，消除袖手旁观、畏缩不前的恐惧心理，抵制遇事回避的惧法现象。如，帮扶弱者、见义勇为，不仅是一种道德要求，也是一种法律规范，为我国法律所规定和保护，已经成为具有法律性质的社会行为，体现在我国的民法总则、残疾人保障法、老年人权益保障法、未成年人保护法等法律中，以及不少地方制定的见义勇为人员奖励和保护条例等地方性法规中，这对践行法律、弘扬正气起到了极大的推动作用。所以，大学生要遵法守规、抑恶扬善，做新时代的护法使者。

三、怎样培养法治思维

在日常生活中，大学生可以通过各种途径学习法律知识、掌握法律方法、参与法律实践、养成守法习惯、守住法律底线等，在学习和生活中逐渐提高法治思维能力，培养法治思维方式。

学习法律知识。学习和掌握基本的法律知识，是培养法治思维的前提。一个对法律知识一无所知的人，不可能形成法治思维。学习法律知识，就要求弄明白享有哪些权利和应当履行哪些义务，什么事能干、什么事不能干，心中高悬法律的明镜，手中紧握法律的戒尺。法律知识通常包括法律法规条文方面的知识和法律法治基本原理方面的知识，这两部分法律知识对于培养法治思维都很重要。只有既了解法律法规在某个问题上的具体规定，又了解法律的原理、原则，才能更好地领会法律精神，养成法治思维。除了从书本上获取法律知识外，还可以通过收听收看法制广播电视节目、阅读法律类报纸杂志，尤其是运用网络等途径学习法律知识。

掌握法律方法。法治思维的过程，就是运用法律方法思考、分析和解决法律问题的过程。法律方法主要包括两个方面：一是正确理解法律的方法，包括理解法律条文的含义、内容和精神等。例如，抢劫与抢夺、定金与订金、合同的完全不履行与不完全履行等相近易混概念的理解。二是正确运用法律的方法。例如，债权人向对方债务人要债，而债务人未按约定清偿归还，经协商无效，债权人可以通过调解、仲裁和诉讼等途径解决，这就是运用法律方法，而拘禁债务人、哄抢物品就不是运用法律方法。理解和运用法律的基本方法，有助于培养法治思维。

参与法律实践。法治思维是在丰富的法律实践中训练、培养和应用的思维方式。脱离法治建设的生动实践，难以养成法治思维方式。只有通过参与各种法律活动，在法律实践中运用法律知识和方法思考、分析、解决法律问题，才能养成自觉的法治思维习惯。现在，人们参与法律实践的方式和途径越来越多。一是参与立法讨论。我国国家或地方的很多立法都要广泛征求意见或者进行听证，大学生可以参与这些立法的讨论，发表自己的有关意见。二是依法行使监督权。宪法和法律赋予公民对国家机关及其工作人员的行为是否合法进行监督的权利，包括提出批评、建议和申诉、控告、检举。大学生可以通过行使这些权利，进行法律监督。三是旁听司法审判。凡是人民法院公开审判的案件，都允许公民旁听，大学生可以向人民法院申请旁听法院庭审，了解案件的审判过程。四是参与模拟法庭、法律诊所、法律辩论等校园法治文化活动，增长法律知识，锻炼法治思维。

养成守法习惯。法治思维是一种习惯性思维，与长期自觉养成的生活习惯有很大关系。办事遇事习惯找“关系”，有问题习惯找政府，指望行政化手段干涉等，都是缺乏法治思维的具体表现，说明没有养成用法解决问题、依法办事的习惯。相反，在生产生活中养成遇到纠纷去查找法律的习惯，就是具备法治思维的具体表现。公民只有自觉遵守宪法和法律，坚持从具体事情做起，才能养成守法的习惯和法治思维。

守住法律底线：法律红线不可逾越、法律底线不可触碰。法律不能成为“橡皮泥”“稻草人”，触犯法律底线就要受到追究。如，国家公职人员以权谋私、徇私枉法，是触犯法律底线的具体表现；公民应当依法纳税，而偷税漏税也是触犯法律底线的具体表现。因此，大学生应当坚持从我做起，从身边做起，形成底线思维，严守法律底线，带头遵守法律。

活动：课堂模拟小法庭。

选择合适的剧本演员布置场地，让同学们体会法律的重要作用，学习法律的基本知识。

第六节　依法行使权利与履行义务

一、法律权利与法律义务

（一）法律权利的含义与特征

含义：法律权利是指反映一定的社会物质生活条件所制约的行为自由，是法律所允许的权利人为了满足自己的利益而采取的、由其他人的法律义务所保证的法律手段。权利的产生、发展和实现，都必须以一定的社会经济条件为基础，即“权利决不能超出社会的经济结构以及由经济结构制约的社会的文化发展”。

特征：法律权利是各种权利中十分重要的权利，具有以下四个方面的特征：一是法律权利的内容、种类和实现程度受社会物质生活条件的制约。不能脱离一个国家或地区的经济社会发展阶段和水平空谈权利及其实现。二是法律权利的内容、分配和实现方式因社会制度和国家法律的不同而存在差异。同样一种权利，在不同的社会制度下和不同的国家法律中表现形式有所不同。如，关于财产权，资本主义法律规定私有财产神圣不可侵犯，而社会主义法律首先规定公共财产神圣不可侵犯，同时规定公民合法的私有财产不受侵犯。三是法律权利不仅由法律规定或认可，而且受法律维护或保障，具有不可侵犯性。由国家强制力保障其实现，这是法律权利区别于其他权利的根本所在。四是法律权利必须依法行使，不能不择手段地行使法律权利。国家机关行使权力不得任性，公民个人行使法律权利也不得任性。

（二）法律义务的含义与特征

含义：法律义务是指反映一定的社会物质生活条件所制约的社会责任，是保障法律所规定的义务人应该按照权利人要求从事一定行为或不行为以满足权利人利益的法律手段。只有承担法律义务的人履行法律义务，享有法律权利的人才能实现自己的合法权益。

特征：法律义务具有以下四个特点：第一，法律义务是历史的。法律义务的内容和履行方式随着经济社会的发展和人权保障的进步而不断调整和变化。第二，法律义务源于现实需要。一个国家或地区的制度性质、历史传统、文化背景、宗教信仰和安全形势等因素，会对法律义务的设定发生重要影响。第三，法律义务必须依法设定。法律义务必须由具有法律职权的国家机关依照法律程序设定，其他国家机关不得对公民违法设定法律义务。坚持义务法定，是法治国家和保障人权的重要方面。第四，法律义务可能发生变化。公民和社会组织承担的法律义务，在履行的过程中可能会因法定情形变更、消灭，或产生新的法律义务。

（三）法律权利与法律义务的关系

法律权利与法律义务的关系，就像一枚硬币的两面，不可分割，相互依存。没有权利，义务的设定就失去了目的和根据；没有义务，权利的实现也就成为空话。在社会生活中，每个人既是享受法律权利的主体，又是承担法律义务的主体。

法律权利与法律义务平等，是现代法治的基本原则，是社会公平正义的重要方面。首先，法律权利与法律义务平等表现为法律面前人人平等被确立为基本原则。其次，在法律权利和法律义务的具体设定上要平等。再次，权利与义务的实现要体现平等。法律权利与法律义务的平等实现，要求权利人只能按照权利的内容行使权利，不能“得理不饶人”，向义务人提出过分要求。同样，义务人必须满足权利人的合法权益，不得逃避应当承担的法律义务。

在法律权利与法律义务相一致的情况下，一个人无论是行使权利还是履行义务，实际上都是对自己有利的。大学生应当正确把握依法行使权利、履行义务的基本要求，既珍惜自己权利又尊重他人权利，既善于行使权利又自觉履行义务。

教学互动：

在一辆旅游车上，旅途的劳累使绝大部分旅客们正在闭目养神，只有张亮等四个小青年喝着啤酒在旁若无人地高声谈笑。旅客们皱起了眉头。旅客甲站起来拍拍张亮的肩膀说道：“小兄弟，请声音轻点，别影响大家休息”。张亮不耐烦地说道：“言论自由是我的权利，我想怎么说就怎么说，你管得着吗?”

汽车在继续行驶，张亮等四人仍在谈笑，兴致勃勃的张亮边喝着啤酒，边拿出记号笔把刚编的打油诗写在车座背上和车厢上。随行的导游小姐看见了走过来阻止，张亮蛮横地说：“今天怎么都和我过不去，我是掏了钱给旅游公司的，我爱怎么着就怎么着，汽车又不是你的，你管得着吗?

正说着，张亮发现自己的钱包不见了，就怀疑是旅客甲偷了他的钱包，四个青年围住了旅客甲，局面僵持着，有几个旅客起哄要下车，这时司机同志说道：“前面有个派出所，我们去请民警协助调查吧！”征得绝大多数旅客的同意，司机将车开到派出所，寻求警察的帮助。没多久，警察就查出了混在游客中的小偷，帮张亮找回了失窃的钱包，在事实面前，张亮为自己的鲁莽而感到羞愧。

总结：

享有权利的时候别忘了遵循以下原则：

(1) 他人的权利与我们个人的权利具有同等的地位，因此要尊重和维护他人的权利。

(2) 公民在行使自己权利的时候，必须采取合法的方式，不得损害国家、社会、集体的利益，不得损害其他公民的合法权利和自由。

(3) 公民应当依法保护自己的权利，依法制止各种侵权行为，使自己的权利不受侵害。

二、依法行使法律权利

(一) 我国宪法规定的基本权利

1. 政治权利

政治权利，是公民参与国家政治活动的权利和自由的统称。它的行使主要表现为公民参与国家、社会组织与管理的活动。政治权利主要包括：一是选举权利，即选举权与被选举权，是指人们参加创设或组织国家权力机关、代表机关所必需的选举权和被选举权。二是表达权，即公民依法享有的表达自己对国家公共生活的看法、观点、意见的权利。三是民主管理权，即公民根据宪法法律规定，管理国家事务、经济和文化事业以及社会事务的权利。四是监督权，即公民依据宪法法律规定监督国家机关及其工作人员活动的权利。

2. 人身权利

人身权利，是指公民的人身不受非法侵犯的权利，是公民参加国家政治、经济与社会生活的基础，是公民权利的重要内容。人身权利主要包括：一是生命健康权，即维持生命存在的权利。健康权是在公民享有生命权的前提下，确保自身肉体健全和精神健全、不受任何伤害的权利。二是人身自由权，即公民的人身自由不受非法搜查、拘禁、逮捕等行为侵犯的权利。三是人格尊严权，即与人身有密切联系的名誉、姓名、肖像等不容侵犯的权利。四是通信自由权，是指公民通过书信、电报、传真、电话及其他通信手段，根据自己的意愿进行通信，不受他人干涉的自由。

案例：“一粒药”的重量

党的十八大以来，习近平总书记一直牵挂着广大人民群众的身体健康和用药安全，他强调：要始终把人民群众的身体健康放在首位。他指出，“要密切监测药品短缺情况，采取有效措施，解决好低价药、‘救命药’、‘孤儿药’以及儿童用药的供应问题。”

新版国家基本药物目录出台、促进仿制药研发创新、抗癌药零关税、药品集中采购、加快新药审批。承载着“一粒药”的重量，在全社会的共同努力下，一场保障广大人民群众用药需求的改革正强力推进。

针对癌症发病率逐年升高趋势，近年来，为了让患者早日用得起新药、好药，国家有关部门打出了抗癌药零关税、医保谈判、药品集中采购的“天价药”降价组合拳。除了抗癌药价格逐渐“亲民”，药品集中采购和使用机制也让多种“天价药”降价效果显著。今年4月，国家组织药品集中采购和使用试点在11个城市步入落地实施阶段。通过带量采购，25个中选药品平均降幅52%，最大降幅超过90%。国家医保局医药服务管理司司长熊先军介绍，这项政策的落地预计节省药品费用58亿元，其中为患者节省药品支出约23亿元。

（出自《中国青年报》2019年08月28日01版）

3. 财产权利

财产权利，是指公民、法人或其他组织通过劳动或其他合法方式取得财产和占有、使用、收益、处分财产的权利。财产权主要包括：一是私有财产权。我国宪法规定，公民的合法的私有财产不受侵犯。公民一切具有财产价值的权利，不管是生活资料还是生产资料，不管是物权、债权还是知识产权，都应当受到保护。二是继承权，是指继承人依法取得被继承人遗产的资格。

问：独生子女是否可以全额继承财产？

4. 社会经济权利

社会经济权利，是指公民要求国家根据社会经济的发展状况，积极采取措施干预社会经济生活，加强社会建设，提供社会服务，以促进公民的自由和幸福，保障公民过上健康而有尊严的生活的权利。主要包括：一是劳动权，是指一切有劳动能力的公民有获得劳动的机会和适当的劳动条件和报酬的权利。二是休息权，是指劳动者在付出一定的劳动以后所享有的休息和休养的权利，是劳动权存在和发展的基础。三是社会保障权，是指公民享有国家提供维持有尊严的生活的权利。四是物质帮助权，是指公民在法定条件下获得国家物质帮助的权利，如国家发展为公民享受这些权利所需要的社会保险、社会救济和医疗卫生事业等。

案例：国务院发文：侵犯休息权将对领导追责

国务院办公厅印发《关于加强行政规范性文件制定和监督管理工作的通知》（以下简称《通知》），就加强行政规范性文件制定和监督管理工作提出明确要求。

文件明确指出：不得“侵犯公民人身权、财产权、人格权、劳动权、休息权等基本权利”，否则，将对领导追责！

5. 宗教信仰及文化权利

宗教信仰及文化权利，是指公民依法享有的与宗教信仰活动和文化生活相关联的自由和权利的总称，主要包括宗教信仰自由、文化教育权等。具体内容包括信仰宗教的自由、从事宗教活动的自由、举行或参加宗教仪式的自由等。公民既有信仰宗教的自由，也有不信仰宗教的自由；有信仰这种宗教的自由，也有信仰那种宗教的自由；在同一宗教里，有信仰这个教派的自由，也有信仰那个教派的自由；有过去信教而现在不信教的自由，也有过去不信教而现在信教的自由。文化权利有个人的文化权利和集体的文化权利之分，前者如由任何科学、文学或艺术作品所产生的精神上和物质上的利益受到保护的权利；后者如少数民族群众享有保留和发展其文化特性及其文化的各种形式的权利。

（二）行使法律权利的界限

依法行使法律权利要求公民行使权利时应严格依据法律进行，以法律的相关规定为界限，超出这个边界就可能侵犯到他人的权利或者损害到国家、社会的利益。

权利行使的目的。公民在行使法律权利时，不仅要在形式上符合相关法律的规定，也要符合立法意图和精神，不得违反宪法法律确定的基本原则，保障权利行使的正当性。此外，行使权利不得破坏公序良俗，妨碍法律的社会功能和法律价值的实现。如，赋予公民言论自由权的目的在于保障思想自由，不能将该权利作为打击不同意见、钳制思想自由的手段；赋予公民宗教信仰自由的目的在于保障精神自由，不能借此宣传邪教和迷信思想。

权利行使的限度。任何权利的行使都不是绝对的，都有其相应的限度，必须依照法律规定的限度来行使权利。我国宪法规定，公民在行使自由和权利的时候，不得损害国家的、社会的、集体的利益和其他公民的合法的自由和权利。我国物权法规定，物权的取得和行使，应当遵守法律，尊重社会公德，不得损害公共利益和他人合法权益。如果因行使自己权利而损害了国家、集体或他人的利益，超出了国家法律所许可和保障的范围与界限，则不再是行使权利，而是侵权，会受到法律追究。

权利行使的方式。权利行使的方式分为口头方式、书面方式和行为方式，有时口头方式和书面方式可以兼用。如，根据我国民事诉讼法规定，起诉应当向人民法院递交起诉状，但书写起诉状确有困难的，可以口头起诉，由人民法院记入笔录，并告知对方当事人。权利行使还可分为直接行使和间接行使，前者指权利主体直接行使权利，后者则指由其法定代理人或者委托代理人代为行使权利。比如，我国选举法规定，选民如果在选举期间外出，经选举委员会同意，可以书面委托其他选民代为投票。每一选民接受的委托不得超过三人，并应当按照委托人的意愿代为投票。

权利行使的程序。由于一个人行使权利的过程可能就是另一个人履行义务的过程，所以程序正当原则同样适用于权利行使过程。通常情况下，行使权利的程序是法律规定的。如，我国选举法对选举程序作了规定，包括确定选民资格、选民登记、发放选民证、推荐候选人、选举投票、确定当选人等流程；我国专利法对专利的申请、审查和批准程序作了规定，公民应当严格依照法律规定的程序行使相关权利。

三、依法履行法律义务

法律权利的行使，必须伴随着法律义务的履行，但法律义务更需要由法律加以规定。义务法定，一方面是说义务的设定必须有法律依据，另一方面是说法定的义务应当履行，否则会承担不利的法律后果。

（一）公民应履行的基本法律义务

除了在各个部门法中规定了公民的法律义务外，我国宪法特别规定了公民的基本义务。具体包括：维护国家统一和全国各民族团结的义务；遵守宪法和法律，保守国家秘密、爱护公共财产、遵守劳动纪律、遵守公共秩序、尊重社会公德的义务；维护祖国安全、荣誉和利益的义务；保卫祖国、抵抗侵略和依法服兵役、参加民兵组织的义务；依法纳税的义务。此外，公民还有劳动的义务和受教育的义务，夫妻双方有实行计划生育的义务，父母有抚养教育未成年子女的义务，成年子女有赡养扶助父母的义务等。

维护国家统一和民族团结。维护国家统一是整个社会共同体存在和发展的基础，也是以宪法为核心的整个法律制度存在的基础。同时，国家统一也是公民实现法律权利与自由的前提。宪法和相关法律规定，禁止对任何民族的歧视和压迫，禁止破坏民族团结和制造民族分裂的行为；一切破坏民族团结和制造民族分裂的行为都将受到法律的追究。如：《反分裂国家法》明确规定，维护国家主权和领土完整是包括台湾同胞在内的全中国人民的共同义务。当代大学生应自觉同破坏国家统一、威胁国家公共安全的行为做坚决斗争。对于维护和促进民族团结，大学生可以进行以下几方面的努力：尊重少数民族的风俗与文化习惯；参与乃至帮助不发达地区少数民族进行政治经济文化等方面的建设与发展；同一切危害民族团结的言论与行为做斗争；做有利于促进各民族文化交流的事。

遵守宪法和法律。我国宪法规定了公民遵守宪法和法律的义务，还规定了若干具体义务，包括：一是保守国家秘密。国家秘密是指涉及国家的安全与利益，尚未公开或不准公开的政治、经济、军事、公安、司法等秘密事项以及应当保密的文件、资料等。违反我国保守国家秘密法的规定，故意或过失泄露国家秘密，构成犯罪的，按照刑法有关规定追究刑事责任；泄露国家秘密，不够刑事处罚的，可以酌情给予行政处分。二是爱护公共财产。公共财产是指全民所有财产和劳动群众集体所有财产。社会主义的公共财产神圣不可侵犯，禁止任何组织或者个人用任何手段侵占或者破坏国家和集体的财产。三是遵守劳动纪律。劳动者在从事社会生产和工作时，必须遵守和执行劳动规则及其工作程序，维护劳动秩序。四是遵守公共秩序。公共秩序包括社会秩序、生产秩序、教学科研秩序等。每位公民必须维护公共秩序，并同一切违反公共秩序的行为作斗争。五是尊重社会公德。就是要尊重在社会交往和公共生活中应当遵守的道德标准和法律标准。

维护祖国安全、荣誉和利益。祖国安全是指国家的领土完整和主权不受侵犯，国家政权不受威胁。祖国安全是国家政权稳定和公民依法行使权利与自由的根本保障。维护祖国荣誉是指国家的声誉和尊严不受损害，对有辱祖国荣誉、损害祖国利益的行为给予法律制裁。祖国利益通常分为对外和对内两个方面。对外主要是指民族的政治、经济、文化等方面的权利和利益；对内主要是指公共利益。公民在享受宪法法律规定的权利与自由的同时，必须自觉地维护祖国利益，正确处理国家、集体与个人利益之间的相互关系，不得有危害祖国安全、荣誉和利益的行为，并同损害祖国利益的行为作斗争。如，我国国家安全法规定，公民、一切国家机关和武装力量、各政党和各人民团体、企业事业组织和其他社会组织，都有维护国家安全的责任和义务。

依法服兵役。我国实行义务兵与志愿兵相结合、民兵与预备役相结合的兵役制度。我国公民都有义务依法服兵役。我国兵役法规定，每年 12 月 31 日以前年满 18 周岁的男性公民，应当被征集服现役。我国兵役法对服兵役的主体作了限制性规定：依法被剥夺政治权利的人没有服兵役的资格；应征公民被羁押，正在受侦查、起诉、审判的，或者被判处徒刑、拘役、管制正在服刑的，不征集；应征公民是维持家庭生活的唯一劳动力或者正在全日制学校就学的学生的，可以缓征。有服兵役义务的公民拒绝、逃避兵役登记的，应征公民拒绝、逃避征集的，预备役人员拒绝、逃避军事训练和执行军事勤务，经责令限期改正后仍逾期不改的，基层人民政府应当强制其履行服兵役的义务。

依法纳税。在现代社会中，税收是国家财政收入的主要来源，纳税是公民应该履行的一项基本义务。根据我国个人所得税法的规定，在中国境内有住所，或者无住所而在境内居住满一年的个人，从中国境内和境外取得的所得，依法缴纳个人所得税。自觉纳税是爱国行为，偷税等行为是违法的、可耻的。纳税人既要有自觉纳税的义务，也要有监督税务机关的执法行为、关心国家对税收的使用、维护自己的合法权益的意识。

案例：

称2019年为“减税年”大概不为过。从个税“起征点”提高至每月5000元，到养老、租房、子女教育等6项专项附加扣除引入，一年来，诸多减税措施纷纷落地，牵动着大众的切身利益。进入12月份，个税纳税人更是迎来第一次汇算清缴。

11月20日国务院常务会议提出，要加强相关政策解读，简化操作流程，优化办税服务，便利纳税人依法纳税；合理有序建立个人所得税年度汇算清缴制度，使专项附加扣除政策更好落实并不断完善，实现税制可持续。此次个税改革引入“综合所得”概念，将工资薪金所得、劳务报酬、稿酬与特许权使用费纳入综合征税范围，让更多中低收入群体受益。

据统计，2019年1—9月，全国范围内累计减税4400多亿元，惠及2.5亿纳税人，对完善收入分配、增加居民收入、扩大消费发挥了重要作用。税务总局有关负责人表示：“个人所得税的减少，直接提高了居民收入，提升了居民消费能力。”

“个税改革的意义不单纯是减税、刺激消费，还要起到调节收入分配作用，随着当前个税制度的完善，这种作用的发挥还有待进一步推动。”北京大学经济学院教授刘怡说。11月20日的国务院常务会议决定，为进一步减轻纳税人特别是中低收入群体负担，暂定两年内对综合所得年收入不超过12万元或年度补税金额较低的纳税人，免除汇算清缴义务。这将进一步降低税收遵从成本，切实减轻纳税人特别是中低收入群体负担。

（出自《人民日报海外版》2019年12月18日第11版）

（二）违反法定义务应当承担的法律责任

公民未能依法履行义务，根据情节轻重，应当承担相应的法律责任。具体的法律责任主要包括民事责任、行政责任和刑事责任。

民事责任是指由于违反民事法律规定、违约或者由于民法规定所应承担的一种法律责任。民事责任主要是财产责任，也可以是以人身、行为、人格等为责任承担内容的非财产责任；民事责任主要是一方当事人对另一方的责任；民事责任主要是补偿性的。在法律允许的条件下，民事责任可由当事人协商解决。

行政责任是指因违反行政法或因行政法规定而应承担的责任。对行政违法者的制裁包括行政处罚和行政处分。行政处罚是由国家行政机关对违反行政法律规定的行政相对人所实施的法律制裁；而行政处分是指国家行政机关对违反法律规定的行政人员所实施的法律制裁。

刑事责任是指行为人因其犯罪行为所必须承担的由国家司法机关代表国家依法所确定的否定性法律后果，即行为人实施刑事法律禁止的行为所必须承担的法律后果，负刑事责任意味着应受刑罚处罚。根据我国刑法的规定，刑事处罚包括主刑和附加刑两部分。主刑包括管制、拘役、有期徒刑、无期徒刑和死刑；附加刑包括罚金、剥夺政治权利和没收财产。

本章测试题

一、单项选择题

1. 法律区别于道德规范、宗教规范、风俗习惯等其他社会规范首要在于(　　)。

A. 法律是统治阶级意志的体现

B. 法律是由国家创制和实施的行为规范

C. 法律由社会物质生活条件决定

D. 法律是历史发展规律和自然规律的反映

2. 法律由一定社会的物质生活条件所决定，其中决定法律本质、内容和发展方向的根本因素是(　　)。

A. 人口的素质和密度　　B. 生产关系

C. 物质资料的生产方式　　D. 地理环境

3. 法律发展史上最早出现的法律为(　　)。

A. 原始社会法律　　B. 封建制法律

C. 奴隶制法律　　D. 资本主义法律

4. 以下不属于奴隶制法律的基本特征的是(　　)。

A. 具有明显的原始习惯残留痕迹　　B. 否认奴隶的法律人格

C. 存在严格的等级划分　　D. 法律面前人人平等

5. 以下不属于封建制法律的基本特征的是(　　)。

A. 确立农民对封建地主的人身依附关系　　B. 实行封建等级制度

C. 维护专制皇权　　D. 确认自由民之间的等级划分

6. (　　)是一个从创制、实施、到实现的过程。

A. 法律的制度　　B. 法律的执行

C. 法律的运行　　D. 法律的适用

7. 根据我国宪法、立法法等法律的规定，全国人民代表大会及其常务委员会行使国家立法权。(　　)有权根据宪法和法律制定行政法规。

A. 全国人大及其常委会　　B. 国务院

C. 中央及地方各级的立法机关　　D. 中央军委

8. 法律运行的起始性和关键性环节(　　)

A. 法律执行　　B. 法律适用　　C. 法律制定　　D. 法律遵守

9. 国务院各部门可以根据宪法、法律和行政法规，在本部门的权限范围内，制定(　　)。

A. 行政法规　　B. 部门规章　　C. 地方性法规　　D. 地方政府规章

10. 省、自治区、直辖市的人民代表大会及其常委会根据本行政区域的具体情况和实际需要，在不与宪法、法律和行政法规相抵触的前提下，可以制定(　　)。

A. 行政法规　　B. 部门规章　　C. 地方性法规　　D. 地方政府规章

二、判断题

1. 法律所体现的统治阶级意志具有整体性，不是统治阶级内部个别人的意志，所以统治阶级的成员也必须遵守法律。(　　)

2. 法律体现的是统治阶级中的最高统治者的意志。(　　)

3. 人类社会经历了多种社会形态。每一种社会形态都会形成具有其自身特色的道德体系和法律制度。因此，道德的历史类型的数量和法律的历史类型的数量是一样的。(　　)

4. 道德和法律都具有四种历史类型。(　　)

5. 法律制定是法律运行的起始性和关键性环节。(　　)

6. 执法是法律运行的起始性和关键性环节。(　　)

7. 在我国司法机关是指国家检察机关和审判机关等。人民检察院代表国家行使法律监督权，人民法院代表国家行使审判权。此外，公安局、司法局也是属于司法机关。(　　)

8. 我国宪法确立的国体和根本政治制度包括中国共产党领导的多党合作和政治协商制度、民族区域自治制度、基层群众自治制度。（　　）

9. 中国特色社会主义法律体系，是以宪法为统帅，以法律为主干，以行政法规、地方性法规为重要组成部分，由多个法律部门组成的有机统一整体。（　　）

10. 实体法律部门包括宪法相关法、民法商法、行政法、诉讼与非诉讼程序法、经济法、社会法、刑法。（　　）

难点和热点解析

1. *法律的主要作用就是制裁违法犯罪？不违法犯罪就用不着学法了吗？*

有的大学生对学法的意义认识不足，与其对法的作用缺少全面的认识有直接关系。他们对法律在制裁违法犯罪方面的作用有比较深刻的认识，在描述法律时，使用最多的词汇是：判刑、监狱、拘留、逮捕、罚款、枪毙、通缉、审讯、破案、追逃、严打，似乎法律的主要作用就是制裁违法犯罪，而对法律在保障公民、法人和其他组织合法权益等方面的作用却知之甚少。因此，他们对学习法律的必要性的认识不全面，认为自己只要不违法犯罪就用不着学习法律了。其实，制裁违法犯罪，仅仅是法律作用的一个方面，法律还有多方面、多层次的作用。

作为一种特殊的社会规范，法律的作用总的来说可以分为规范作用和社会作用。所谓法律的规范作用是指法律对人的行为所产生的影响及其方式和过程。法律对人的行为可以通过两种途径发生影响。一是对人们行为的直接控制。法律通过它的不同的规范性表现形式，如授权性规范、禁止性规范、命令性规范等来调整一定的社会关系，指引人们的行为。二是通过对人们心理的影响，间接地约束人们的行为，这种间接控制行为的方式可称为法律的心理控制作用。法律的心理控制不是直接规定行为的可行与否，而是通过教化以及其他手段作用于人们的头脑。心理控制的最终目的，是通过法律意识的指导，使人们的行为符合法律的要求。

法律的社会作用是指法律对经济的、政治的、文化的等各种社会关系的影响及其方式和过程，它体现了法律对于社会整体影响的效果。法律发挥其社会作用的途径也可归纳为两种方式。一是维护统治阶级在政治、经济和思想等领域中的统治。在社会主义国家，法律的这种作用的主要表现是：保障和促进社会主义政治文明建设，确认人民主权和维护人民当家做主的权利，保障和促进社会主义市场经济健康有序的发展，保障和促进社会主义精神文明建设。二是执行社会公共事务方面的作用。大量的法律规范是用以调整每一社会所共同面临的社会性事务的，如维护人类基本生活条件的法律，内容包括自然资源和环境保护、交通通讯、医疗卫生等方面。法律在这方面的作用，为统治阶级的经济、政治等社会关系奠定了基础，实际上是在间接地维护统治阶级的经济、政治统治。当然，上述两方面的作用往往是互相交织在一起的，它们作为一个整体服务于法律的最终目标，体现出法律的本质。

我国不仅在宪法中明确规定了公民的基本权利，而且在基本法律和其他法律中对公民的民事权利、劳动权利、诉讼权利等作了具体规定。我国的立法目的、宗旨和任务都包含着“保护公民、法人或者其他组织的合法权益”的内容。《中华人民共和国民法通则》的目的和任务是为了保障公民、法人的合法的民事权益；《中华人民共和国合同法》的目的和任务是为了保护合同当事人的合法权益；《中华人民共和国国家赔偿法》的目的和任务是为了保障公民、法人和其他组织享有依法取得国家赔偿的权利；《中华人民共和国民事诉讼法》的目的和任务是为了保护当事人行使民事诉讼权利，保护当事人的合法权益。即使是惩罚功能最突出的中华人民共和国刑法的任务，也是用刑罚同一切犯罪行为作斗争，以保卫国家安全，保卫人民民主专政的政权和社会主义制度，保护国有财产和劳动群众集体所有的财产，保护公民私人所有的财产，保护公民的人身权利、民主权利和其他权利，维护社会秩序、经济秩序，保障社会主义建设事业的顺利进行。再如消费者权益保护法、未成年人保护法、妇女权益保护法、老年人权益保护法等法律的出发点和归宿则更是为了保护这些群体的权益。此外，我们还可以从一些与学生关系特别密切的法律、法规、规章，比如高等教育法、居民身份证法、著作权法、专利法、商标法等法律，计算机软件保护条例等法规，以及高等学校学生管理规定、校园秩序管理规定等规章中，发现许多涉及大学生权利的内容。

由上可见，制裁违法犯罪仅仅是法律作用的一个方面。在现代社会，法律在规定权利、维护权利、执行社会公共事务等方面的作用已越来越重要了。无论从法理上讲，还是从立法、执法等法律实践中看，保障公民的合法权益，都是法律作用的重心。法律约束人们的行为，制裁违法犯罪，最终的目的仍然是为了维护正常的社会秩序，从而有利于公民、法人和其他组织合法权益的实现。因此，学习法律，不仅是为了预防和减少违法犯罪，而且更重要的是为了明确自己的权利，依法维护和行使自己的权利。

2. 不知法也能守法吗？怎样才算知法？

有的大学生在知法与守法的关系上存在模糊认识。他们在表述知法、守法与护法的关系时，有的选择“守法未必知法”，还以许多普通民众不学法不知法不懂法但能守法作为例证；有的则选择“知法未必守法”，并以许多领导干部知法懂法但不能守法甚至违法犯罪的事实作为“证据”。还有的认为“维护法律尊严是警察、法官、检察官和其他法律专业人士的事”。他们由此得出的结论是：“不懂法也可以不违法犯罪，何必学法？”

诚然，有些普通民众对法律条文知道得很少，一般也能守法。但是，我们决不能认为他们对法律全然无知。他们通过各种途径和方式接受全民法制教育，在长期的社会实践中，逐渐形成了诸如“欠款还钱”“杀人偿命”“若要人不知，除非己莫为”等朴实的法制观，以及爱国守法、明礼诚信等道德观，因而一般不会违法。相反，有的领导干部和法律专业人士，虽然具备比较丰富的法律知识，但没有树立正确的人生观、价值观和法制观，没有健康的法律心理，仍然可能走上违法犯罪道路。因此，“守法未必知法”或“知法未必守法”都不是必然的普遍的现象，更不能成为“不必学法”的论据和理由。

☞ 教学参考资料与延伸阅读

[1]　(美)博西格诺．法律之门[M]．邓子滨，译．北京：华夏出版社，2002.

[2]　瞿同祖．中国法律与中国社会[M]．北京：商务印书馆，2010.

[3]　张振芝．依法治国理论和实现途径(中国发展战略布局研究丛书)[M]．北京：社会科学文献出版社，2017.

各章测试题答案

第一章　人生的青春之问

一、1－5：ADBDB　6－10：ACCCB

二、1－5：√×√×√　　6－10：×√××√

第二章　坚定理想信念

一、1－5：CCCDC　6－8：BBD

二、√×√√×√

第三章　弘扬中国精神

一、1－5：DDBAA　　6－10：CCCBC

　　11－15：CDCBC　　16－18：BCC

第四章　践行社会主义核心价值观

一、1－5：CBACB

二、√√××√

第五章　明大德守公德严私德

一、1－5：CDBBB　　6－10：CCBAC

二、1－5：√√×√×　6－10：√×√√√

第六章　遵法学法守法用法

一、1－5：BCCDD　6－10：CBCBC

二、1－5：√×××√　　6－10：×××√×